Kohlhammer

Der Autor

Veit Hitziger ist Heilerziehungspfleger, Fachkraft für Hilfen zur Erziehung sowie Sozialarbeiter/Sozialpädagoge.

Veit Hitziger

Teilhabe praktizieren in der Eingliederungshilfe

Herausforderung für die Heilerziehungspflege

Verlag W. Kohlhammer

Ich danke meiner Frau,
die mir immer auch eine fachliche Partnerin ist.
Und ich danke meinem Sohn, der mir zeigt,
dass es auch noch Wichtigeres als Arbeit gibt.

Dieses Werk einschließlich aller seiner Teile ist urheberrechtlich geschützt. Jede Verwendung außerhalb der engen Grenzen des Urheberrechts ist ohne Zustimmung des Verlags unzulässig und strafbar. Das gilt insbesondere für Vervielfältigungen, Übersetzungen, Mikroverfilmungen und für die Einspeicherung und Verarbeitung in elektronischen Systemen.

Die Wiedergabe von Warenbezeichnungen, Handelsnamen und sonstigen Kennzeichen in diesem Buch berechtigt nicht zu der Annahme, dass diese von jedermann frei benutzt werden dürfen. Vielmehr kann es sich auch dann um eingetragene Warenzeichen oder sonstige geschützte Kennzeichen handeln, wenn sie nicht eigens als solche gekennzeichnet sind.

Es konnten nicht alle Rechtsinhaber von Abbildungen ermittelt werden. Sollte dem Verlag gegenüber der Nachweis der Rechtsinhaberschaft geführt werden, wird das branchenübliche Honorar nachträglich gezahlt.

Dieses Werk enthält Hinweise/Links zu externen Websites Dritter, auf deren Inhalt der Verlag keinen Einfluss hat und die der Haftung der jeweiligen Seitenanbieter oder -betreiber unterliegen. Zum Zeitpunkt der Verlinkung wurden die externen Websites auf mögliche Rechtsverstöße überprüft und dabei keine Rechtsverletzung festgestellt. Ohne konkrete Hinweise auf eine solche Rechtsverletzung ist eine permanente inhaltliche Kontrolle der verlinkten Seiten nicht zumutbar. Sollten jedoch Rechtsverletzungen bekannt werden, werden die betroffenen externen Links soweit möglich unverzüglich entfernt.

1. Auflage 2022

Alle Rechte vorbehalten
© W. Kohlhammer GmbH, Stuttgart
Gesamtherstellung: W. Kohlhammer GmbH, Heßbrühlstr. 69, 70565 Stuttgart
produktsicherheit@kohlhammer.de

Print:
ISBN 978-3-17-040780-0

E-Book-Formate:
pdf: ISBN 978-3-17-040781-7
epub: ISBN 978-3-17-040782-4

Inhaltsverzeichnis

Vorwort

Sarkasmus und Ironie haben in fachlichen bzw. wissenschaftlichen Arbeiten nichts verloren. Soweit zur Theorie. Erlaubt ist, was gefällt, wäre die zweite Variante, die hier in Ihren Händen (bzw. Lap-Top, E-Book, Smartphone) liegt. Es geht in diesem Buch nicht darum, es nach möglichst kurzer Zeit wieder in die Ecke zu legen, weil es dann doch spannender ist, einen dreistündigen Vortrag im frontalen Stil zu lauschen. Es ist viel mehr für die gedacht, die sich (aus welchem Grund auch immer) für den Beruf der Heilerziehungspflege im Rahmen der Eingliederungshilfe interessieren. Es ist an die gerichtet, die in irgendeiner Art mit behinderten Menschen beschäftigt sind. Ob nun als Angehöriger, gesetzlicher Betreuer, (angehende) Fachkraft oder als Ungelernter oder direkt als der Mensch, dem die gesamten Hilfen zukommen und der einfach mal hinter die Kulissen schauen will.

Es geht darum, vom Groben zum Kleineren die fachlichen Hintergründe zu verstehen, die in dieser Sparte der Sozialen Arbeit wichtig sind. Und auch wenn hier teilweise sehr ausführlich auf bestimmte Dinge eingegangen wird, so bleibt es doch auch wieder nur ein Teil der Dinge, die man in diesem riesigen Berufszweig wissen kann. Denn so kann man als Heilerziehungspfleger (oder kurz: HEP) in vielen Bereichen arbeiten. Das kann in einer Wohngruppe bzw. einer besonderen Wohnform sein (früher hat man dazu Heim gesagt), man kann behinderte Menschen in ihrer eigenen Wohnung begleiten, in der Werkstatt, oder oder oder ... den Rest weiß Google besser als ich. Und ganz egal, wo man mit dieser Ausbildung überall seine Brötchen verdienen kann, ist es wichtig, bestimmte Dinge einfach mal richtig zu machen. Es geht nicht nur um Wissen, es geht vorwiegend um eine Haltung. Also, wie man sich als HEP im Alltag verhalten sollte. Schön, dass Haltung und Verhalten so nah beieinander liegen.

Aber ganz ohne jegliches Wissen geht es dann leider doch nicht. Deswegen werden in den nächsten Abschnitten einige wichtige Haltungsweisen und alltägliche Probleme beschrieben.

Es sind weiß Gott nicht alle. Ich bin schließlich nicht der Gott der Eingliederungshilfe. Aber es sind einige sehr wichtige. Und für diejenigen, die es genauer wissen wollen, wurden sehr wichtige Begriffe mit einem »#« (Hashtag) versehen. Diese Worte bitte immer merken, denn damit kann man richtig Eindruck schinden. Wer es am Ende dann doch vergessen hat, kann im Wörterverzeichnis (Register) nochmal nachschauen, was das besagte Wort bedeutet.

Es wird viel darum gehen, dass bestimmte Sachverhalte einen zum Nachdenken anregen sollen. Und im Verlauf wird deutlich, dass es sehr häufig um Selbstreflexion gehen wird. Wer mag, kann ja mal zählen, wie oft darauf eingegangen wird. Und keine Angst, das mit der Selbstreflexion wird alles noch genauer erklärt, wenn es so weit ist. Das Meiste ist wie gesagt, nur ein Abriss, also ein kleiner Teil und recht komprimiert. Für die meisten der Begriffe wurden mehrere Bücher geschrieben, spezielle Kurse oder gar Studiengänge entworfen. Deshalb gehe ich auch davon aus, dass man sich hier quasi nur einen Vorgeschmack holen kann, um bei Interesse tiefer in die Materie reintauchen zu können, wenn einem danach ist, oder es die nächste Hausaufgabe verlangt. Man lernt kein Halbwissen, man lernt einen Ausgangspunkt, an dem man weiter machen kann. Es ist sozusagen wie ein YouTube-Video, wo man als erstes reinschauen kann, bevor man in einen komplizierten Sachverhalt einsteigt. Aber hier halt in Buchform. Wer also mehr wissen will (oder muss), soll sich nicht scheuen, weiter zu suchen, es sich beibringen zu lassen oder zu fragen.

Und in der Hoffnung, dass mich meine ehemaligen Professorinnen und Professoren mit dieser Art der Lektüre nicht nur mit kleinen Brocken steinigen, will ich nochmal auf die Sache mit den kleinen Zahlen am Ende eines Wortes eingehen. Diese sogenannten Fußnoten zeigen an, dass ich mir den letzten Satz nicht selber ausgedacht habe. Das hat dann schon mal jemand vor mir gesagt.

Zumeist jemand weitaus Schlaueres. Und auf diese Person verweise ich dann am Ende des Buches, wo das schon mal geschrieben wurde. An sich sind so gut wie alle Dinge, die hier beschrieben werden, eh nicht meine Ideen. Ich verweise nur auf vieles, das bereits geschrieben, erklärt und erdacht wurde und ergänze es dann hier und da mit Ideen oder beruflichen Erfahrungen. So könnte man in Kurzform beschreiben, was #wissenschaftliches Arbeiten[1] ist. Oh ... da war sie ja eben, die erste Fußnote. Schauen Sie ruhig mal rein, wie das am Ende der Seite aussieht. Dann reden wir mal nicht weiter um den heißen Brei herum und reiten los.

1 War nur ein Test. Bitte weiterlesen!

Ein Tag im Heim

Ich wache auf. Mein Blick geht Richtung Fenster, und es ist noch dunkel. Wird wohl noch Nacht sein. Keine Ahnung, wie spät es ist. Bestimmt noch ganz früh. Allerdings ist auf dem Flur schon wieder eine ganze Menge Lärm zu hören. Und da diese eine Stimme ... Na klasse. Die eine da ist wieder da. Zwischendurch schreit wieder mein Nachbar von links nebenan, weil er nicht aufstehen will. Mal schauen, wie lange es heute wieder dauern wird. Je nachdem kann ich dann noch ein bisschen länger schlafen. Auf einmal geht meine Tür auf und das helle Licht vom Flur scheint herein und direkt in mein Gesicht. Die Frau ist wieder da, und jetzt bin ich an der Reihe. Sie nimmt die Decke hoch, öffnet meine Windel, macht diesen komischen Schaum drauf und wischt ihn ab. Danach gibts eine neue Windel und diese engen Strümpfe an, wo sie immer richtig ins Schwitzen kommt, und dann zieht sie mich Stück für Stück an. Zwischendurch schaut sie hoch und lächelt mich an. Als sie aus meinem Zimmer geht, ruft sie noch »Frühstück« in den Flur und geht. Da sitze ich nun und schaue mich nochmal um. Naja, was solls ... Hunger habe ich eh ein bisschen. Also gehe ich los und laufe durch den Flur. Man kann von hier aus irgendwie das ganze Haus sehen, so lang ist der Flur. Und ich sehe offene Zimmertüren, Leute, die teilweise nackt und teilweise mit Unterwäsche bekleidet über den Flur von einer Tür in die nächste laufen. Ich stehe ein bisschen rum und schaue mir die Bilder an der Wand an. Was wollte ich nochmal machen? Ach ja, was essen. Also weiter. Ich schaue auf dem Weg durch den Flur in jede Tür, weil ich nicht mehr so richtig weiß, wo der Essenraum war. Sieht sich alles sehr ähnlich hier. Da ist er ja, der rote Türrahmen, wo es rein geht. Da sitzt ja schon jemand auf meinem Platz. Ich gebe ihm einen kleinen Knuff, als ich vorbeilaufe, und setze mich an den Platz schräg gegenüber. Durch das laute »Eyy« von ihm weiß ich, dass meine Botschaft angekommen ist. Der Tisch ist schon gedeckt. Wie jeden Morgen liegt auf jedem Teller bereits eine Scheibe Toastbrot. Eine Schale Marmelade und eine kleine Schüssel Butter stehen auch auf dem Tisch. Der Kaffee ist auch schon da. Ich versuche, mir eine Tasse einzugießen. Das ist durch das Zittern mittlerweile echt schwierig geworden. Meine Tasse ist voll mit Kaffee und der Tisch auch. Ich nehme den ersten Schluck. Der Geschmack macht es aber gleich schon viel besser. Ich nehme mir eine Scheibe Brot, tauche sie in die Marmelade und beiße ab. Das schmeckt zusammen richtig gut. So kann man es sich doch gut gehen lassen. Vom Flur höre ich nebenbei noch irgendwas. » ... Bus ist da«. Toll, denke ich mir und esse weiter. Plötzlich höre ich die laute Stimme wieder neben mir, lauter als sonst, da sie ziemlich nah ist. »Ohh nee«, höre ich rufen und merke, wie ich am Arm gegriffen und hochgezogen werde, um aufzustehen.

»Guck mal, alles nass.« Ich schaue an mir runter und sehe tatsächlich, dass neben dem Tisch auch meine Hose vom Kaffee komplett nass geworden ist. Die Frau bringt mich in den Flur und dann bis in mein Zimmer, wo ich mich auf mein Bett setze. Ich warte. Sie schließt meinen Schrank auf, holt eine neue Hose raus, zieht mir die Hose aus und die neue wieder an. Die ist schon echt schnell, muss ich sagen. Ich glaube schneller könnte ich das auch nicht. Ich denke noch: »Nein, nicht diese Hose, die ist doch viel zu weit.« Aber ich sage nichts. Sie geht, ruft noch: »Los jetzt, die Arbeit wartet« und verschwindet im Flur. Ich stehe auf, gehe hinterher und schaue etwas ratlos in den Flur. Da hat sie mir ja glatt auch noch die Straßenschuhe angezogen. Naja ... Auch gut. Was soll ich jetzt hier? Vorne steht ein Mann in der Mitte des Flures mit einer roten Jacke, schaut in meine Richtung und kommt näher. Sein Gesicht sieht ganz nett aus, und ich freue mich darüber. »Na Uwe, auf gehts zur Arbeit, wa?!« spricht er zu mir. Ach ja, Arbeit. Mit dem fahre ich ja immer dort hin. Er nimmt mich an der Hand mit nach draußen, wo schon der Bulli steht. Tolles Auto, denk ich mir. So einen hatte ich früher auch mal, als ich noch zu Hause gewohnt habe. Aber dieses Mal sitze ich nicht hinter dem Lenkrad, sondern hinten mit den Anderen. Der Mann hilft mir in den Wagen einzusteigen und schnallt mich an. Ich sitze in der Mitte auf der zweiten Bank. Genau auf demselben Platz wie jeden Tag. Neben mir sitzt dasselbe Gesicht wie jeden Tag und rechts neben mir steigt auch wieder der andere aus dem Haus ein, den ich nicht so leiden kann. Die Fahrt geht los. Es dauert eine ganz Weile, denke ich jedenfalls. Die Uhr kann ich von meinem Platz aus nicht erkennen. Ist ja auch nicht so wichtig, ich muss ja nicht auf die Zeit achten. Während der Fahrt erzählt der eine links von mir wieder dieselben Sachen wie jeden Tag. Es ist zwar nur Gemurmel, aber man hört halt raus, dass es sich ständig wiederholt. Ich fange an, den Typen auch nicht leiden zu können. Der Andere, rechts von mir, sitzt nur da. Ich weiß nicht, ob er wach ist. Ich mag ihn nicht und schaue auch nicht rüber. Mir eigentlich egal, was er macht. Also schaue ich mit nach vorne auf die Straße und höre dem Fahrer zu, der seinem Beifahrer was erzählt. Genau jetzt dreht sich der Beifahrer um und wünscht mir einen guten Morgen. Beide habe dieselbe rote Jacke an. Ich kann nur Fetzen des Gespräches verstehen, weil die übrigen Mitfahrer so laut sind. Ich weiß nicht wirklich, worum es geht, aber der Fahrer zeigt ständig mit dem Finger nach hinten, macht Bewegungen mit seinen Händen und erzählt eine ganze Menge. Er hat anscheinend viel zu sagen. Die Fahrt wird langsamer, und wir halten an. Das Haus kenne ich doch. Wir halten genau vor der Tür eines großen Gebäudes an, wo wir nacheinander aussteigen. Am Eingang wartet schon eine junge Dame. Ich kenne sie zwar nicht, aber sie sieht nett aus. Die junge Dame sagt höflich »Guten Morgen« zu uns, nimmt mich und einen anderen an der Hand und führt uns ins Haus. Ich muss mir beim Laufen ständig die Hose hochziehen, weil sie immer rutscht. Also halte ich sie einfach hinten fest. Nach einem längeren Gang durch den langen Flur setzt mich die junge Frau an einem Tisch mit vielen Plastikteilen ab. Da sitze ich nun und schaue mich um. Überall stehen Tische, an denen manchmal einzelne und manchmal mehrere Leute sitzen. Ein paar wirken, als wenn sie was zu tun hätten. Andere schauen sich genauso um wie ich. Nach einer Weile kommt ein junger Mann, begrüßt mich freundlich und setzt sich neben mich. Er greift nach meiner Hand und führt mit mir einzelne Bewegungen durch. Ich muss immer mit der einen Hand runde Plastikteile nehmen und sie in ein anderes Plastikteil drücken. Das machen wir eine Weile zusammen. Irgendwann geht der Mann dann und lässt mich allein weiter machen. Ich habe keine Ahnung, wie lange ich hier nun schon sitze, aber ich mache einfach weiter. Nach einer Weile tun mir dann schon ganz schön die Hände weh. Vor allem die, mit der ich die ganz Zeit auf diese Plastikteile drücke. Ich mache mal kurz Pause und schaue mich um. Überall sitzen Leute an solchen Tischen wie ich. Manchmal einzelne, manchmal mehrere Menschen am selben Tisch. Einige wirken beschäftigt, andere schauen sich um. So sitze ich noch eine ganze Weile, bis wieder der Mann kommt, meine Hand nimmt, mit ihr ein Plastikteil greift und in ein anderes hineindrückt. So geht das eine ganze Weile, bis er wieder geht. Ich weiß nicht, wie lange ich nun schon hier sitze.

Doch dann kommt wieder eine junge Frau zu mir, hilft mir hoch und wir gehen aus dem Raum. Wir sind anscheinend am Eingang des Hauses angekommen, wo ein Mann mit roter Jacke steht. Er hakt mich unterm Arm ein, hilft mir, in das wartende Auto einzusteigen, und schließt die Tür. Ich sitze allein im Auto, außer mir nur der Fahrer. Während der Fahrt telefoniert er recht laut und schimpft ziemlich viel. Er erzählt irgendwas von seinem Chef. Anscheinend hat der wohl was angestellt. Nach einer Weile sind wir wieder bei mir zu Hause. Der Mann hilft mir aus dem Wagen und bringt mich ins Haus. Als er sich verabschiedet, stehe ich im Flur und schaue mich um. Ganz schön ruhig hier. Das bin ich eigentlich anderes gewohnt. Sonst ist es immer lauter hier. Von hinten spüre ich einen Arm, der meinen Rücken berührt und mich mit in die Küche nimmt. Der Arm bringt mich zu meinem Stuhl, und ich setze mich. Als ich sitze, sehe ich den Menschen, der zu dem Arm gehört. »Ach, dich kenn ich doch«, sage ich zu ihm. Das ist doch der Herr, der immer abends hier ist. An meinem Platz ist bereit der Tisch gedeckt. Es ist Mittagszeit wie ich sehe. Ich nehme mir das Besteck und fange an zu essen. Ganz schön kalt, aber schmeckt gut. Gegenüber am Tisch sitzen drei Mitarbeiter und unterhalten sich. Ich höre zwar, dass sie was sagen, aber verstehe nicht wirklich, um was es ihnen geht. Ab und an verstehe ich ein paar Namen, die mir bekannt vorkommen, auch mein Name kommt vor. Als ich fertig bin, warte ich am Tisch, bis ein Mann mir aufhilft und mich in mein Zimmer bringt.

Er hilft mir, mich auf meinen Sessel zu setzen, und macht mir den Fernseher an. Ich schaue eine Weile fern und sehe mich in meinem Zimmer um. Irgendwann geht die Tür auf. Durch mein Fenster sehe ich, dass es draußen schon etwas dunkel geworden ist. Ich muss wohl eingeschlafen sein. Eine Frau begrüßt mich und hilft mir hoch. Wir laufen zusammen in die Küche. Ich kann sehen, dass bereits die Tische gedeckt sind. Ich werde an meinen Platz gebracht, setze mich hin und warte. Zwischendurch sehe ich die Frau von Tisch zu Tisch gehen. Sie hilft den Leuten beim Schmieren ihrer Brote. Irgendwann kommt sie dann zu mir und fragt, was ich auf mein Brot haben möchte. »Käse«, sage ich. Ich esse gern Käse. Sie legt eine Scheibe Käse von einem Teller mit Aufschnitt aufs Brot und geht weiter. »Guten Appetit«, höre ich noch und fange an zu essen. Als ich fertig bin, stehe ich auf und gehe in den Flur. Die Frau läuft mir hinterher, nimmt mich am Arm und führt mich wieder an den Tisch, wo ich mich setze. Ich schaue mich noch eine Weile um, dann kommt die Frau wieder, hilft mir am Arm hoch und führt mich ins Bad. Sie öffnet den Toilettendeckel, stellt mich mit dem Rücken vor die Toilette, zieht mir die Hose runter, macht die Windel ab und schmeißt sie in einen Eimer, der danebensteht. Dann geht sie wieder raus. Beim Rausgehen lässt sie noch Wasser in die Badewanne ein. Ich bleibe weiter sitzen. Kurz darauf kommt sie wieder ins Bad, mit einem anderen Mann, den sie unterm Arm hält. Sie zieht ihn aus und hilft ihm in die Wanne. Das Wasser in der Wanne läuft noch. Sie holt einen Trockenrasierer und fängt an, den anderen Mann in der Wanne zu rasieren. Danach wäscht sie ihn, macht zwischendurch das Wasser aus, hilft ihm aus der Wanne, trocknet ihn ab, hilft ihm beim Anziehen und bringt ihn ans Waschbecken. Dort macht sie ihm eine Zahnbürste fertig, gibt sie ihm in die Hand und kommt zu mir. Ich bücke mich nach vorn und sie wischt mir den Hintern ab. Danach spült sie alles das Klo runter, hilft mir hoch und setzt mich auf einen Stuhl, der neben der Toilette steht. Sie hilft mir beim Ausziehen. Ich schaue ihr dabei zu. Das macht sie wirklich toll. Zwischendurch sehe ich den Mann am Waschbecken, der auf seiner Zahnbürste kaut und sich im Spiegel anguckt. Die Frau führt mich zur Wanne und hilft mir einzusteigen. Sie geht an einen Schrank, holt einen Trockenrasierer raus und rasiert mich. Es ist schön warm in der Wanne. Als sie mit der Rasur fertig ist, seift sie mich ein und wäscht mir das Shampoo wieder ab. Danach hilft sie mir wieder aus der Wanne und trocknet mich ab. Ich stehe vor ihr, während sie mit dem Handtuch von oben nach unten geht. Dann zieht sie mir eine neue Windel und einen Schlafanzug an. Sie bringt mich in mein Zimmer. Mein Fernseher ist an. Sie setzt mich auf mein Bett, hilft mir, mich hinzulegen, und deckt mich zu.

»Gute Nacht«, sagt sie, als sie mein Zimmer verlässt. Ich schaue mich noch ein bisschen im Zimmer um. Ab und an höre ich Stimmen vom Flur, manchmal schreit jemand und manchmal höre ich Schritte, die an meinem Zimmer vorbei gehen. Irgendwann werden meine Augen immer schwerer und ich schlafe ein.

Fazit der Geschichte

So und nun? So viele Seiten, wie der Alltag eines Menschen laufen kann, der in einer besonderen Wohnform lebt? Wofür das Ganze? Machen wir doch einfach ein Quiz draus. Der Gewinner bekommt die staatliche Anerkennung als aufmerksamer Beobachter. Wer zwanzig Situationen findet, die irgendwie schräg sind, bekommt ein Bachelor Diplom, wer zehn Situationen findet, geht als Heilerziehungspfleger aus dem Raum, bei fünf gibts den Sozialassistenten als Titel und wer weniger als fünf findet, verlässt bitte sofort den Raum, gibt dieses Buch weiter und sucht sich was anderes, wofür er sich interessiert.

Nun könnte man sagen: »Das ist ja alles erfunden« oder »So ist das gar nicht«. Richtig. So ist es auch nicht. Es ist anders. Mal besser, mal schlechter, mal ganz genauso. Wer nie einen solchen Bereich erlebt hat, ob nun als Mitarbeiter, als Besucher, Angehöriger oder sogar als Bewohner, der kann auch nur Mutmaßungen anstellen, wie es sein kann und wie es sich anfühlt. Ich will definitiv nicht alle Kollegen über einen Kamm scheren. Es gibt wirklich richtig tolle, die für den Beruf brennen, wo man das deutlich merkt und das jeden Tag aufs Neue. Aber von einem Fakt kann ausgegangen werden: Es gibt immer auch schwarze Schafe. Die, die Menschen mit einer Behinderung herabstufen, indem sie sie mit »Du« ansprechen, obwohl es unangebracht ist, die nicht darüber nachdenken, etwas anders zu machen, die, die bei der Körperhygiene die Badtür offen stehen lassen, oder die, die jegliche Entscheidung abnehmen und somit Entscheidungsfähigkeit und Selbstständigkeit überflüssig machen. Und das sind ja noch ziemlich aktive Möglichkeiten, wie man mit Menschen besser nicht umgehen sollte. Die aktiven Methoden kann man in irgendeiner Art und Weise nachweisen, sie benennen, sie handhabbar machen, drüber sprechen, sie lösen. Komplizierter wird es dann bei den passiven Formen von Gewalt. Sozusagen Gewalt durch Unterlassung. Indem man in bestimmten Situationen einfach was auslässt und dies Schmerz verursachen kann. Am Ende bleibt dann für den Beobachter einfach nur ein unschönes oder seltsames Gefühl. Ein Gefühl, dass irgendwas nicht so richtig stimmig ist. Und das dann zu benennen, wobei man nicht mal richtig sagen kann, worum es sich handelt, das ist dann wirklich schwierig.

Hinzu kommt, dass ein Mensch mit irgendeiner Form von geistiger Behinderung oftmals sicherlich nicht in der Lage ist, abstrakte Dinge zu benennen. Und wenn es für Menschen ohne offizielle Diagnose schon schwierig ist, so etwas zu benennen, wie soll das dann erst gehen, wenn man nicht die kognitiven Möglichkeiten dazu hat?! Wovon man aber ausgehen kann, ist das unangenehme Gefühl, das manche Handlungen bzw. Nicht-Handlungen nach sich ziehen. Und man kann davon ausgehen, dass dies bei jedem Menschen ankommt. Die Auswirkungen werden dann gern häufig als Impulsausbrüche benannt, wenn dann mal eine Tasse durch den Essbereich fliegt. Damit will ich nicht sagen, dass das die Erklärung für sogenannte herausfordernde Verhaltensweisen darstellt. Aber was klar sein muss ist, dass Frust solche Verhaltensweisen verstärken kann. Gewalt erzeugt Gegengewalt haben die Ärzte dazu doch mal gesagt.

Als allgemeiner Punkt sollte noch eines genannt sein. Die gähnende Langeweile, die die Klienten oftmals haben müssen. Manche Leute können sicherlich gut damit umgehen. Aber es wäre schon sehr seltsam, wenn all diese Menschen zufälligerweise immer in einer Einrichtung für Menschen mit einer Behinderung leben. Ich will an dieser Stelle gar nicht den großen Moralapostel spielen. Das kommt bestimmt noch später. So viel kann ich aber vorwegnehmen. Es spielt eine extrem wichtige Rolle, sich, sein Handeln und seine eigene Wirkung zu reflektieren. Nehmen Sie also diese Geschichte für die Hausarbeit, zum Gespräch am Stammtisch oder als Diskussion in Social Media. Drüber reden ist der erste, zweite und dritte Schritt. Und als Tipp für alle lehrenden Personen: die Bearbeitung dieses Fallbeispiels lässt sich locker auf zweimal 45 Minuten strecken.

Gedankenexperiment

Ich will gar nicht leugnen, dass es im Laufe der Arbeit gewissermaßen verlockend sein kann, mal nur seinen eigenen Stiefel zu fahren. Wir sind ja auch eigenständig denkende Wesen und wissen sowieso immer alles besser. Verständlich menschliches Verhalten, denke ich mal. Und mal ganz im Ernst, es geht ja auch meist schneller, wenn man eine Sache selber macht. Im Rahmen einer Handlung, die eigentlich einen förderlichen Charakter haben sollte, kann man da schonmal schnell jemanden das Zepter der Entscheidung aus der Hand nehmen oder in einem Beratungsgespräch »den einen richtigen Vorschlag« geben, der das Leben einer Person komplett ins Positive wandelt. Aber in 99 % aller Fälle ist das komplett überflüssig und dient nur dem eigenen Ego. Um dieser Falle nicht erst tiefenpsychologisch auf den Grund gehen zu müssen, hilft mal wieder der gute alte Freund #Selbstreflexion. Darüber nachzudenken, was man macht und so weiter. Nun ist das ohne konkrete Methoden aber meist auch leichter gesagt als getan.

Ich habe dafür gern folgenden Gedanken im Kopf, der mir in Bezug auf die eigene Reflexion öfter mal gute Ansätze möglich gemacht hat. Achtung: Jetzt wird's vielleicht etwas absurd: Was wäre, wenn mein Gegenüber plötzlich klar wäre? Wenn also der Mensch, der scheinbar nie reagiert, wenn man ihn anspricht, plötzlich ein Gespräch anfängt. Nach dem Motto: »Tadaa, war alles nur ein Scherz.« Was wäre, wenn die Behinderung plötzlich quasi Urlaub macht und sozusagen auch mal Feierabend hat? Wie würden wir dann reagieren? Was würden wir sagen? Und gemäß dem Fall, dass die betreffende Person sich sogar noch daran erinnern kann, wenn wir mal was nicht so toll gemacht haben, wie würden wir uns rausreden? Wie würden wir das begründen? Und wie sehr dabei ins Stottern kommen? Ich will gar nicht großartig vorheucheln, dass ich nicht selbst auch Probleme gehabt hätte, wenn ein solcher Fall eingetreten wäre. Und natürlich ist es recht unwahrscheinlich, dass sowas passiert. Aber mal wirklich so gedacht und das im täglichen Handeln. Es würden einige solcher schrägen und un-fachlichen Situationen im Vorfeld gar nicht erst entstehen. So absurd diese »Methode« auch erscheinen mag, einfach mal sacken lassen, wenn es schon Erfahrungen gibt oder bei der nächstbesten Möglichkeit ausprobieren. Allein der Versuch lohnt sich. Wenn man dabei versucht, seine Gedanken zu beobachten, wird man sicherlich zwischendurch so ein Gefühl haben wie: »Ohh ... das meinte der Typ.« Und das ist dann eine echte und situative Selbstreflexion und nicht nur eine Pseudo-Eigenschaft, von der man gern erzählt und dass man ja ach so reflektiert ist.

Selbstreflexion

Da sind wir nun beim großen Thema. Selbstreflexion ist eigentlich die Kernkompetenz, die ein jeder Mensch im beruflichen Kontext der Sozialen Arbeit haben sollte[2]. Und damit meine ich nicht nur die Kollegen vor Ort, sondern wirklich alle. Selbst die Buchhalterinnen, Geschäftsführer, Fuhrparkleiter, Pförtner usw. Ist man im sozialen Bereich unterwegs, trifft man unweigerlich auf Menschen. Ob man es nun will oder nicht. Und da wo Menschen aufeinandertreffen, gegenseitig etwas voneinander wollen oder aus sonst einem Grund miteinander in Interaktion treten, ist neben dem bloßen Austausch von Fakten auch immer Menschlichkeit gefragt. Meiner Meinung nach sollten alle Akteure im sozialen Bereich re-

2 vgl. Dommermuth (2004): 106

gelmäßig irgendetwas verpflichtend dafür tun müssen, um ihr Handeln zu reflektieren. Und da ist ja schon wieder Druck, etwas machen zu müssen. Warum Arbeit auch immer was mit Arbeit zu tun haben muss?! Nebengedanke am Rande: Arbeit ist die Erfüllung von bestimmten Aufgaben, für die man bezahlt wird. Warum dann nicht auch verpflichtende Aufgaben wie Reflexion? Könnte man drüber nachdenken. Irgendwie hat sich ja (nahezu) jeder Mensch mal für eine Arbeit entschieden. Und dazu gehören auch die Menschen im sozialen Bereich. Irgendwas muss sie geritten haben, sich für diesen Beruf zu entscheiden, zu bewerben oder da halt reinzurutschen. Die Lust am Helfen stellt sozusagen die Top-Antwort in den meisten Fällen dar. Dass zwar weitaus tiefergehende Gründe dahinterstehen[3], kann man sich bestimmt auch fürs Psychologie-Studium aufheben. Das Geld wird's wahrscheinlich eher nicht gewesen sein. Es kann natürlich auch die Ausübung von Macht sein, die ein Grund ist[4]. Für diejenigen, auf die der letzte Punkt zutrifft: Respekt, dass man sich gegenüber so ehrlich sein kann. Nun hat man sich beispielsweise für den helfenden Beruf entschieden, weil man »einfach helfen« möchte. Und da fängt es schon an. Wie definiere ich »helfen« für mich persönlich? Welche Art von Hilfe ist denn angemessen? So kann man in derselben Situation so und so reagieren und in beiden ist man der Helfende. Braucht ein Mensch z. B. einen Gegenstand in der Küche, kann ich diesen holen, zeigen, wo er ist oder auch gemeinsam dorthin gehen. Viele Wege führen nach Rom. Und darin liegt ein großes Problem. Man hat die Auswahl von verschiedensten Varianten, helfend tätig zu werden, aber »die Richtige« zu wählen, das ist immer sehr schwierig. Nun gehe ich ja noch davon aus, dass prinzipiell jeder Mensch mit egal welcher Art von Hilfe zufrieden wäre. Aber leider nein. Wir Menschen sind wählerisch, wollen nicht immer dasselbe von derselben Person und auch nicht immer in jeder Situation. Echt kompliziert! Bei dieser Vielzahl von Möglichkeiten kann ich auf jeden Fall gut

3 vgl. Freud in Schmidbauer (2006): 35

4 vgl. Thiersch (2012): 42; Utz (2011): 56

verstehen, dass man am besten seinen eigenen Stiefel fährt und einfach seinen eigenen Plan hat. Das wäre dann so der optimale Plan, den man sich mal zurechtgelegt hat und der ist dann schon richtig so. Wie auch immer er mal zu Stande kam.

Das Problem ist an sich ja auch nachvollziehbar. Wer schon mal im Schichtdienst in einer besonderen Wohnform gearbeitet hat, wird bestimmt zustimmen, dass es nicht gerade der entspannteste Job der Welt ist. Gefühlt tausenden Ansprüchen gerecht werden wollen, Krisenintervention, Zeitdruck, von Spät- in den Frühdienst und gefühlt jeden Tag was Neues. Schon klar, dass man sich dann mal schnell der eigentlichen Arbeit, also der Arbeit mit Menschen nicht mehr zu 100 % widmen kann. Zumal es in den häufigsten Fällen sehr viele Menschen sind. Unterschiedliche Menschen, mit unterschiedlichen Bedürfnissen, Zielen und persönlichen Besonderheiten. So sieht es aus. Man kommt gern mit edlen Beweggründen in einen solchen Job, will vielleicht ein bisschen die Welt verändern und dann sowas. Da bleiben dann die eigenen Prinzipien schnell auf der Strecke. Es heißt dann Personalprobleme, Arbeit im Akkord, dass man bloß jeden gewaschen kriegt, keiner großartige Problemchen macht, einfach satt, sauber und das alles schnell schnell. Für gewöhnlich zieht sich sowas über einen längeren Zeitraum und schleift sich als Routine ein. Und eh man sich versieht, ist der Alltag da, der eigene Fahrplan hat sich entwickelt und es geht schon lange nicht mehr um den Menschen. Dabei sind diese Probleme häufig hausgemacht. Und an dieser Stelle sollte man ansetzen. Wer sich den Luxus gönnt, mal solche Routinen zu überdenken, die einzelne Aufgabe im Alltag zu sehen und den dahinterstehenden Sinn oder Unsinn zu hinterfragen, der hinterfragt in erster Hinsicht das System. Da man jedoch ein Teil davon ist, wenn man es mitträgt, dann ist das eine indirekte Form der Selbstreflexion und ein guter Anfang. Systeme sind für gewöhnlich von Menschen erschaffen und haben meistens einen Sinn. Nun können diese im Umkehrschluss auch von Menschen verändert werden[5]. So jedenfalls der

5 vgl. Quack/Schmidt (2013): 18

#konstruktivistische Ansatz. Klingt logisch (außer vielleicht das letzte Fremdwort) und machbar, will man meinen. Aber genau da wird es schwierig.

Ein kleiner gedanklicher Ausflug in die Vergangenheit der Eingliederungshilfe könnte Aufschluss geben. Vor gar nicht allzu langer Zeit war es schon eine große Erneuerung, dass Menschen mit einer Behinderung in Einrichtungen lebten, in denen es Schlafsäle gab, feste Badetage in der Woche und der Nachttisch und das Bett die einzigen eigenen Möbel darstellten[6]. Der Alltag unterschied sich nicht großartig von dem eines Krankenhauses. Und die Strukturen waren sich sehr ähnlich. Abarbeiten war das Motto der Kollegen bzw. musste es sein. Zwar stellte das schon eine große Bereicherung dar. Man mag sich gar nicht vorstellen, wie es vorher gewesen sein muss. Jedenfalls waren auch das Systeme, die erschaffen wurden. Und diese waren mit Sicherheit nicht böse gemeint. Wie Menschen halt so sind. Sie versuchen oft das Beste aus einer Situation zu machen, damit umzugehen und Lösungen zu finden. Sie haben also ihr vorhandenes System hinterfragt. Und auch dieser Vorgang wird eine Weile gedauert haben, hat im Kleinen begonnen und sich dann irgendwann dermaßen ausgebreitet, bis eine spürbare Änderung entstanden ist.

Wieder zurück in die heutige Zeit. Solange ein System unhinterfragt bleibt, wird sich daran auch nichts ändern. Wenn wir anfangen, die kleinen Dinge in Frage zu stellen, es genug Menschen einem nachtun und sich dies in ein gesellschaftliches Problem verwandelt, so kann ein Änderungsprozess auch zustande kommen[7]. Es beginnt also immer im Kleinen und mit einer Idee, dass sich etwas ändern muss. Schuld daran ist für gewöhnlich eine ethische Vorstellung[8]. Also die Vorstellung, dass etwas nicht richtig ist oder sich nicht richtig anfühlt. Im Umkehrschluss entwickelt sich

6 vgl. Kulenkampff (1980): 87; Hanslmeier-Prockl 2009: 37; Joss-Dubach 2014: 304

7 vgl. Klier (2009): 11

8 vgl. DBSH (2014): 27

daraus eine Vorstellung, wie es sein sollte. Es klingt zwar bis dahin recht plausibel, ist aber ein Vorgang, der echt viel Zeit in Anspruch nehmen kann. Andernfalls hätten wir Menschen uns schneller entwickelt und wir wären weiter als auf dem Stand, an dem wir heute stehen. Zwar haben wir oft die Vorstellung, dass etwas falsch ist, aber können keine Lösung anbieten. Eine wohl ganz normale menschliche Eigenschaft. Es gibt jedoch die Theorie, wonach die Lösung für ein Problem immer bereits in einem schlummert. Damit ist der sogenannte #konstruktivistische Ansatz gemeint. Der Grund liegt in der Bewertung eines Problems als ein Problem[9]. Es wohnen in uns ethische Vorstellungen, die uns sagen: »Hey, Meister, da stimmt doch was nicht. Das wurde dir anders beigebracht.« Auf Grund unserer Erziehung und den Leuten, mit denen wir aufgewachsen sind, haben wir bestimmte Gedanken so tief in uns aufgenommen, dass wir daraus eine Art Richtig-Falsch-Filter entwickelt haben[10]. Wir können innerhalb von Sekunden eine Situation als aus unserer Sicht richtig oder falsch identifizieren. Und da sprechen unsere inneren Werte mit uns, denen wir uns zu oft nicht mal bewusst sind. Es reicht sicherlich nicht dieser kurze Absatz aus, um damit bei jedem einen Schalter umzulegen, der es gerade liest. Und auch nicht jeder kann und sollte gleich zum Psychiater rennen und seine Kindheit aufarbeiten. Aber dies sollte reichen, um zu verdeutlichen, dass wir gut und gerne schnell richtig von falsch unterscheiden können, ohne aber manchmal zu wissen warum. Wie ist das also nun, mit der Lösung, die man in sich trägt?! Trifft man auf eine Gegebenheit, die durch den eigenen Ethik-Filter als schlecht erkannt wurde, muss man sich Zeit nehmen. Zeit, um in sich zu schauen und zu überlegen, warum man das als schlecht bewertet. Anschließend sollte man darüber nachdenken, was man stattdessen in der Situation als richtig erachten würde. An welcher kleinen Stellschraube müsste man drehen? Welches Detail sollte man beim nächsten Mal ändern? Oftmals

9 vgl. Jeschke in Möbius/Friedrich (Hrsg.) (2010): 53f
10 vgl. Ecarius/Köbel/Wahl (2011): 73ff

hilft da auch ein Blick von außen. Wenn man im Team auf der Arbeit, in der Familie oder sonst irgendwo von einem Menschen weiß, der offen genug ist, einem die Wahrheit zu sagen und durch seinen Ethik-Filter zu schauen, das ist dann echter Goldstaub für die Selbstreflexion. Manchmal reicht es schon, wenn man von außen einen kleinen ethischen Input bekommt. Natürlich muss man damit umgehen können, was für gewöhnlich oftmals nicht ganz so leichtfällt, wie man es gern hätte. Aber eines ist klar: Denken und Reden hilft ungemein. Es klingt wahrscheinlich etwas befremdlich, wenn wir uns vorstellen, dass wir alle regelmäßig in unseren Rede-Zirkel gehen und dort die hochtragenden Probleme wälzen. Soweit muss es gar nicht kommen. Es kann eine ganz banale Situation sein, in der man sich unterhält. Wichtig ist nur, dass man Menschen zum Reden hat, diese die entsprechende Ehrlichkeit an den Tag legen und man das Gesagte auf einen wirken lässt. Ganz großes Kino ist dann, wenn dies auf Gegenseitigkeit beruht. Somit haben bestenfalls beide Gesprächspartner was davon. Wenn dies dann noch regelmäßig, also ritualisiert, stattfindet, kann eigentlich nichts mehr schief gehen. Es klingt an sich so extrem simpel. Einfach denken, reden, Lösung, fertig. Mal abgesehen von einem gewissen Grad an Fachlichkeit usw., was man natürlich alles lernen kann, genügt es in #Reflexionsgesprächen nicht nur zu versuchen, seinen eigenen Standpunkt als richtig darzustellen. Man sollte nicht auf der Suche nach Bestätigung des eigenen Handelns sein (auch wenn es sich gut anfühlt). Dann ist man meist auf dem Holzweg. Wer sich wirklich offen in eine solche Situation begibt, nur der hat auch die Möglichkeit, etwas für sich dazu zu gewinnen. Und ich denke mal ganz stark, dass das ein lebenslanger Prozess ist. Aber vielleicht auch nicht, das kann ich sicher erst in ein paar Jahrzehnten mit mehr Sicherheit sagen.

Dass wir nun aber nicht alle nur permanent am miteinander Quasseln und Nachdenken sind und die Probleme im Kopf schon lang gelöst haben, ist es wichtig, dass man auch mit der Umsetzung anfängt. Reden bringt zumeist nichts, wenn anschließend keine Taten folgen. Das wäre dann ein weiterer Knackpunkt auf dem Weg zur Umsetzung. Wenn man im Kopf klarer ist und eine Idee von richtig und falsch bestenfalls benennen kann, ist die nächste Etappe, den ersten Schritt anzugehen. Und dabei geht man am besten so klein und machbar wie möglich vor[11]. Also so richtig klein. Zwar noch groß genug, dass man eine Veränderung zum letzten Mal beobachten könnte, aber immer noch klein genug, um die neue Idee auch umzusetzen.

Wenn man sich also vorstellt: »Wie hätte ich's denn gern«, sollte bestenfalls ein Bild im Kopf entstehen, wie der perfekte Zustand für eine andere Situation ist, und es sollte sich richtig gut anfühlen[12]. Und dann überlegt man, wie der erste und kleinste Schritt aussieht, den man dafür gehen muss. Um ganz auf Nummer sicher zu gehen, wählt man für sich noch eine konkrete Zeit, wann man das neue Verhalten zum ersten Mal ausprobiert. Man verabredet sich sozusagen mit sich selbst und legt los. Um ein wirklich gutes Ziel aufzustellen, muss es also spezifisch (klar und nachvollziehbar), messbar, attraktiv (ich sollte Bock auf die Erreichung haben), realistisch (also in Echt umsetzbar) und terminiert (wann?) sein[13]. Die Insider kürzen das mit dem Wort #SMART ab. Und das kommt im beruflichen Kontext doch schon echt häufig vor. Spätestens an der Stelle, an der es halt um Ziele geht.

Falls die eben beschriebene Variante zu unklar war oder wem das halt nichts ist, der könnte auch folgenden Weg einschlagen, um ein erkanntes Problem anzugehen. Auch hierbei muss man im Vorfeld ein Problem als ein solchen für sich identifiziert haben. Also: »Ja, da gefällt mir was nicht und ich will es ändern.« Da man sich bei der Lösungsfindung auch mal selbst im Weg stehen kann, sollte man von der gradlinigen Variante dieses Mal etwas Abstand nehmen. Man versucht, das Problem in einem größeren Kontext zu betrachten. Dafür kann man sich gern folgende Fragen stellen: Wann habe ich sowas (oder sowas ähnliches) schon mal erlebt?

---

11 vgl. Storch in Birgmeier (2009): 2

12 vgl. ebd.: 15ff

13 vgl. ebd.: 2f

Worum ging es dabei? Was war eigentlich das wirkliche Problem? Hatte nicht mal der eine Freund von mir ein ähnliches Problem? Bei dieser sehr grobförmigen Art des #lösungsorientierten Ansatzes geht es darum, dass man schaut, wann ein Problem weniger vorhanden war, was dann anders war und man davon mehr macht, dann sollte es meist besser klappen[14]. Wenn man darauf eine Antwort gefunden hat, gehts in Richtung Lösung. Man überlegt, wie man oder eine andere Person das Problem bewältigt hat. Es sollte natürlich eine Variante sein, von der man überzeugt ist, dass sie auch gut ist. Anschließend geht es einen ähnlichen Weg, wie vorab schon beschrieben. Man nimmt sich den denkbar kleinsten, ersten Schritt, macht mit sich aus, wann er umgesetzt wird, und geht ihn. Man fängt Stück für Stück und in kleinen Schritten an, etwas anders zu machen. Und damit schafft man eine Veränderung. Ein paar Feinheiten seien hier noch erwähnt. Die Sache mit dem »eigentlich wirklichen Problem« sollte nochmal etwas genauer beschrieben werden. Damit geht die Annahme voraus, dass es bei Problemen nicht immer darum geht, was man auf den ersten Blick als Problem scheinbar zu erkennen mag. Jemand sagt was, meint aber eigentlich etwas ganz anderes. Und wenn man dann reagiert, macht man sicherlich was, aber bestimmt nicht das Richtige. Wenn sich z. B. ein Mensch wünscht, dass er abnehmen will, könnte es eigentlich bedeuten, dass er attraktiver auf andere Menschen wirken will, da er sich nach Nähe sehnt.

Aber zurück zur Frage. Einmal googeln entfernt, findet man unter dem Suchbegriff #Bedürfnispyramide nach Maslow eine mögliche Antwort. Da steht dann grob gesagt das drin, was ein Mensch so braucht, um sich gut zu fühlen[15]. Wie eine Pyramide so aufgebaut ist, im unteren Abteil gibts die Grundbedürfnisse wie Essen, Trinken, Sexualität usw. und dann gehts quasi den Berg hoch, bis man zum Gipfel gelangt. Dort geht es dann mehr um die eigene

14 vgl. de Shazer/ Dolan (2008): 27f

15 vgl. Maslow (o. J.): o. S. [http://www.abraham-maslow.de/beduerfnispyramide.shtml] (Zugriff am: 25.06.2020), o.O.

Verwirklichung und die Verbindung von sich zu etwas Größeren bzw. dem Überirdischen, die sogenannte #Transzendenz. Kunden bei einer bestimmten einheimischen Bank haben solch eine Pyramide vielleicht schon mal in einem anderen Zusammenhang gesehen. Da stehen zwar andere Begriffe drauf, aber im Prinzip stellt es was Ähnliches dar. Vermögensbildung kommt erst nach Absicherung der Liquidität usw. Klingt an sich logisch. Warum sollte ich auch erst Geld auf die hohe Kante legen, obwohl ich meine Miete nicht zahlen kann?! Und diese Logik könnte man ganz gut übertragen. Nach der besagten Bedürfnispyramide wäre es unlogisch, wenn ein Mensch z. B. nach Anerkennung sucht und eigentlich in existenziellen Krisen steckt, da er kein Dach über dem Kopf hat oder der Kühlschrank leer ist. In diesem Sinne könnte man diese aufeinander aufbauenden Bedürfnisse auch gern als Erklärungsgrundlage für manche Verhaltensweisen sehen. Und da meine ich zwar auch die Verhaltensweisen der Klienten, aber auch sein eigenes Verhalten. Wir sind ja schließlich noch beim Thema Selbstreflexion.

Spätestens im Rahmen der Arbeit mit Klienten mit einer stark ausgeprägten geistigen Behinderung kommt es sicherlich vor, dass man auf Menschen trifft, die sich nicht über Sprache äußern. Da muss man dann über andere Wege versuchen zu erfahren, warum gerade was nicht passt. So könnte es nach Maslow z. B. so sein, dass ein Mensch gerade eher das Bedürfnis nach Sauberkeit hat, einfach nur Hunger oder sexuell frustriert ist. Er oder sie will vielleicht deshalb morgens nicht zu Arbeit gehen. Es erfordert dabei viel Fingerspitzengefühl und man muss natürlich einiges ausprobieren, bevor sich eine Situation verbessert. Wenn man sich jedoch bewusst macht, was ein Mensch schon so hat (laut der Pyramide jedenfalls), ob es ausreicht und was so als nächstes kommt, dann ist man einer Lösung schon gut auf der Spur. Das Thema ist an dieser Stelle nur kurz angeschnitten. Im Detail lohnt es sich aber definitiv, mal tiefer in die Materie einzusteigen.

So am Rande gibt es dann noch bestimmte #Entwicklungsaufgaben, die ein Mensch in unterschiedlichen Lebensphasen austrägt[16]. Das sollte man dabei immer gut auf dem Schirm haben. Natürlich war nicht nur ein Forscher in dieser Richtung unterwegs, sondern einige. Ich fand den Ansatz nach Robert Havighurst immer sehr angenehm. Mal ein Beispiel. Und ich stelle mich als Versuchskaninchen bereit. So, ich bin jetzt 33 Jahre alt ... Aha! Mittleres Erwachsenenalter: Heim bzw. Haushalt führen – ja, ich gebe mir Mühe; Kinder aufziehen – scheint zu klappen; berufliche Karriere – bin stets bemüht; persönlichen Lebensstandard entwickeln – läuft; Freizeitaktivitäten – hat er; physiologische Veränderungen akzeptieren (Wechseljahre) – auf das geklammert geschriebene darf ich zum Glück verzichten, aber da wird wohl noch was kommen. Mal nebenbei gesagt; diese Entwicklungsstufe geht von 31–50. Ist also noch ein bisschen Land. Es ist auf jeden Fall mal spannend, da rein zu schauen.

Aber, das war noch nicht alles zu diesem Thema.

Da es noch nicht verwirrend genug ist, gibt es da noch die sogenannte #Skala der emotionalen Entwicklung (auch mit #SEED abgekürzt). Kurz beschrieben bedeutet dies, dass mittels bestimmter Verfahren und Tests schwer behinderte Menschen in ihrer geistigen Entwicklung eingeschätzt werden können[17]. Die Tests führen dann Ärzte durch. Jedenfalls ist je nach erreichter Stufe gerad eine andere große Lebensaufgabe für den Menschen dran. Und hinzu kommt auch noch, dass wiederum andere Aufgaben gerad (noch) überhaupt nicht Thema sind.

So könnte man sich anschließend auch erklären, warum bestimmte sogenannte »pädagogische Interventionen« völlig ins Leere laufen. Es kommt regelmäßig vor, dass man in einer Teamberatung oder einer ähnlichen Runde mal wieder zusammensitzt und auch mal wieder zu der Erkenntnis kommt, dass man mit einem Bewohner überhaupt nicht mehr weiterkommt. Wenn man nun immer den Glauben hegt, für einen Menschen entscheiden zu müssen und was er brauchen könnte (obwohl man das eigentlich nicht

16 vgl. Havighurst (1974): 2

17 vgl. Sappok/Zepperitz. (2016): 41ff

machen sollte), dann hätte man nun einen guten Plan, wie man vorgehen könnte. Also: Bedürfnisse eines Menschen beachten, bestimmte Entwicklungsaufgaben bzw. Lebensphase dabei bedenken und, wenn vorhanden, die Erkenntnisse von Ärzten (SEED Skala) mit einfließen lassen.

Das bringt mich zum nächsten wichtigen Thema, dem #Team. Im Sinne der Selbstreflexion ist es natürlich total wichtig, dass man seinen inneren Frieden mit einer bestimmten Entscheidung gefunden hat, aber man ist ja nun nicht allein im Dienst. Ein Glück auch. Es ist extrem wichtig, dass der Umgang bzw. die Herangehensweisen mit bestimmten Klienten abgesprochen, dokumentiert und einheitlich ist. Absprechen: weil man damit möglichst viele Kollegen mit ins Boot holt und verschiedene Ansichten hört. Dokumentiert: weil man im Notfall immer auf offizielle Verabredungen verweisen kann und wenn neue Kollegen dazu kommen, diese gleich mitmachen können. Und einheitlich: da es voll gegen den Baum laufen wird, wenn jeder sein eigenes Ding macht. Auch wenn es vielleicht auf irgendeiner Art gut gemeint ist oder ein Plan dahintersteht, aber das wird nichts. Wenn einer dieser Punkte nicht bedacht wird, geht die Arbeit im Team für gewöhnlich auf kurz oder lang krachen. Und das wars dann. Stress im Team kann etwas richtig Ekelhaftes werden. Wer sich am Rande noch für mehr in diese Richtung interessiert und sein Teamproblem mal auf den Prüfstand stellen will, schaut mal nach den #Eskalationsstufen nach Glasl. Es lohnt sich wirklich.

So von außen betrachtet, wirkt das mit der Reflexion und Teamarbeit immer ziemlich einfach und plausibel. Auch jetzt gerad beim Schreiben. Spätestens im Berufsalltag kommt dann die harte Realitätskeule. Und eh man sich versieht, ist man im Sumpf der Routine gefangen. Aber in dieser scheinbaren Einfachheit liegt am Ende auch die große Chance. Schafft man es, sich Zeit zu nehmen und über das Erlebte mal so richtig nachzudenken, wird es alles viel leichter.

Dann bekommt man mehr Draufblick auf eine Situation bzw. einen Prozess. In manchen Bereichen wird dann gern von der sogenannten #Metaebene gesprochen. Am leichtesten ist das immer im Nachhinein. Hinterher ist man immer schlauer, heißt es ja so schön. Aber nur, wenn man mal überlegt, was passiert ist und wie eine Sache zur anderen kam. Und vor allem, was würde man beim nächsten Mal anders machen?!

Was kann ich nun festhalten? Punkt 1: Man sollte sich zurücknehmen. Beobachten, statt sofort zu handeln. Denn viel zu oft werden wir im Berufsalltag zu sofortigen Entscheidungen gedrängt. Ja, die gibt es zwar und man sollte manchmal auch sofort handeln, aber das merkt man dann schon, wann man den Arzt rufen oder lieber mal abwarten sollte[18]. Es geht vielmehr darum, dass man von seinen eigenen Motiven Abstand nehmen sollte[19]. Darauf wollte ich zwar erst an einer späteren Stelle hinaus, aber nun ist es halt schon mal gesagt worden. Man sollte versuchen zu verstehen, warum man in manchen Situationen meist gleich reagiert. Man ist dann aufgebracht, aggressiv, launisch, still – da gibts eine riesige Spannbreite von Emotionen, die zu Handlungen werden. Immer im Blick zu behalten, was man selber für ein System erbaut hat oder mitträgt und ob es das noch sein soll, darum geht's.

Punkt 2: Man sollte im Kleinen beginnen. Wenn ich z. B. den Entschluss gefasst habe, abnehmen zu wollen, und ich deswegen laufen gehen will, dann wird es ja nicht gleich ein Marathon sein. Ein halber reicht auch ... Nein im Ernst: kleine handhabbare Ziele setzen, die man wirklich umsetzen kann. Vor allem sollten diese Ziele im Sinne der Klienten sein. Abgesehen davon, dass es generell das Normalste der Welt sein sollte, einem Menschen seine eigenen Ziele auch selber entwickeln zu lassen. Aber darauf möchte ich später nochmal genauer eingehen. Vielleicht haben Sie beim Lesen auch an eigene Probleme gedacht, ob nun privat oder beruflich. Die genannten Varianten lassen sich in vielen Lebensbereichen anwenden. Warum nicht auch mal eigene Ziele setzen?!

---

18 vgl. Lüssi (1995): 311

19 vgl. ebd.: 197

Und nun Punkt 3: Man sollte geduldig sein. Das ist bestimmt mal wieder leichter gesagt als getan, aber in der Ruhe liegt die Kraft. Und Kraft kann man durchaus gebrauchen, wenn man zwar »nur« von kleinen Änderungen spricht, damit womöglich aber Stück für Stück ein gesamtes System in Frage stellen will. Für die, die schon die ablehnenden Worte ihrer Kollegen hören, hier noch ein Tipp. Stellt euch vor, eine Vielzahl von Problemen auf der Arbeit entstehen nur dadurch, dass über die Klienten entschieden wird. Man legt Ziele und Maßnahmen fest, die in jeglicher Beziehung unpassend sind. Der betreffende Mensch muss dann zwar mitspielen, aber wehrt sich natürlich trotzdem nach Leibeskräften. Und man hat folglich eine ganze Menge damit zu tun, gegen diese scheinbaren »Widerstände« zu arbeiten. Wenn dann jedoch einheitlich die konkreten Wünsche der Menschen umgesetzt werden und jeder ernst genommen wird, dann könnte ich mir vorstellen, dass die Arbeit ein ganzes Stück einfacher wird. Es ist quasi eine Investition von Stress, um sich am Ende eine harmonischere Arbeit zu sichern. Klingt eigentlich verlockend. Aber wie das immer so ist, ist natürlich Arbeit mit dran arbeiten verbunden. Es geht um die Arbeit an sich selbst. Es ist das Ziel, sich selbst und sein Handeln zu hinterfragen, entsprechend etwas Neues zu etablieren und die Dinge ins Rollen zu bringen. Dies benötigt natürlich eine gewisse Grundhaltung gegenüber Menschen. Also: Wie stehe ich fremden Menschen gegenüber? Was halte ich (wirklich) von sogenannten »Minderheiten« und wie verhalte ich mich ihnen gegenüber? Wie gehe ich mit Macht um, die ich im Arbeitskontext durchaus habe? Warum sagen einige Menschen pauschal »Du« zu behinderten Menschen? Fragen über Fragen, über die es sich durchaus nachzudenken lohnt.

Rechtliche Gedanken

Nun ist es nicht so, dass ich mir das alles, was bisher beschrieben wurde, ausgedacht habe, sondern das steht auch in Gesetzestexten. Natürlich ist eine gewisse menschliche Grundhaltung notwendig. Ohne die geht es nicht. Aber wie auch im Vorfeld schon beschrieben wurde, geht es um die Änderung von Systemen. Einen der denkbar besten Wege, ein System als verändert bzw. sich in der Veränderung befindend zu betrachten, ist eine gesetzliche Vorgabe. Wenn ein Staat beschließt, durch Gesetze für Ordnung zu sorgen, ist etwas Wichtiges passiert. Kommt natürlich ganz aufs Gesetz an. Somit hat ein Staat dann verstanden, dass es Handlungsbedarf gibt und sich etwas ändern muss. Kurz um: was sich die edlen Pädagogen so wünschen, steht auch im Gesetz. Man muss danach handeln, und es gibt keinen Weg drum herum. Oder doch?

Da gibt es zum einen das gesetzliche Mutterschiff der Eingliederungshilfe. Die #Behindertenrechtskonvention der Vereinten Nationen (kurz: UN-BRK). Darin haben die verschiedensten Gesandten der Vereinten Nationen (bzw. der UNO), also Vertreter aus nahezu jedem Land der Welt, sich zusammengesetzt und einen Plan geschmiedet. Einen Plan, wie man mit Menschen mit einer Behinderung umgehen soll. In dieser sogenannten »Charta« wurden diverse Grundsätze aufgestellt. Sie regelt zum Beispiel, dass Menschen mit Behinderung auch Träger von Menschenrechten[20] sind, selbstbestimmt handeln können[21], an der Gesellschaft teilhaben können[22] und noch viel mehr. Klingt eigentlich plausibel. Ja, es sind Menschen mit Menschenrechten. Dass man das eigentlich noch beschreiben muss?! Klingt irgendwie schräg, oder?! Warum sollten Menschen mit einer Behinderung sowas brauchen? Sind doch Menschen, also warum sollte man das extra noch beschreiben müssen? Das betrifft doch bestimmt nur andere Länder. Ja klar, in Deutschland gibt es sowas nicht. Oder doch? Anscheinend schon. Denn Deutschland ist auch mit in der UN, hat diese Charta auch unterschrieben und ist dabei, sie umzusetzen. Dafür wurde das Bundesteilhabegesetz (BTHG) seit 2017 schrittweise eingeführt. Schrittweise, weil nahezu jedes Jahr neue Regelungen in Kraft treten. Es soll ja nicht gleich alles mit einmal in Kraft gesetzt werden. Die Konvention der UN ist dann sozusagen für die einzelnen Länder verpflichtend, dass sie in Gesetze gegossen werden. Dieses BTHG ist dann sozusagen der Versuch von Deutschland, mit den Verabredungen der UN umzugehen.

Aber kurz noch ein paar wichtige Punkte der besagten Konvention. Ich möchte wenigstens mal gesagt haben, dass die »alte« Definition von Behinderung nicht mehr besteht. Und da kommt dann die #WHO (Weltgesundheitsorganisation) ins Spiel. Die gehört auch der UN an und regelt eine ganze Menge, was es so im großen

20 Art. 1 UN-BRK

21 Art. 3 (a) UN-BRK

22 Art. 1 UN-BRK

Stil im Hinblick auf Gesundheit zu regeln gibt und noch viel mehr. Unter anderem stellt sie auch Definitionen auf, an denen sich andere Länder bedienen. Und eine ist dabei die #Definition von Behinderung. Vorher war es so, dass behindert ungefähr so beschrieben wurde: Jemand ist behindert, wenn er für eine gewisse Zeit körperlich, geistig oder seelisch nicht so weit ist, wie er es eigentlich sein sollte. Der originale Wortlaut ist schon etwas anders, aber jetzt auch eigentlich egal, da die neue Definition ja nun gilt. Die alte Definition wurde jedenfalls erweitert. Etwa so: Jemand ist behindert, wenn ... (das was vorher schon da stand; UND) er wegen dem Zusammenspiel der eigenen Fähigkeiten und äußeren Umstände ausgegrenzt wird[23]. Ja, auch hier ist die originale Definition schon etwas anders. Im Sinne geht es aber um die Erweiterung, die sich verändert hat. Denn an dieser Stelle wird klar, worum es mit der gesamten neuen Grundlage gehen soll. Es wird nicht nur der Mensch in seinen begrenzten Fähigkeiten beschrieben, der irgendwie für seine Lage verantwortlich ist. Ja, es ist schon noch ein Teil der Definition. Aber es geht auch darum, dass die Gesellschaft bei der ganzen Sache auch etwas in der Hand hat. Im Rahmen von der ganzen Definition gibt es jetzt einen Begriff, der damit unweigerlich verbunden ist. Das sogenannte #Bio-Psycho-Soziale-Modell. Und das liegt wiederum einem noch größeren Modell zu Grunde. Der (Achtung langer Begriff) #Internationalen Klassifikation zur Beschreibung der Funktionsfähigkeit des Menschen und deren Einschränkungen (kurz und auf Englisch #ICF). Nur der Form halber sei es mal hier so ausführlich benannt. Es beschreibt zwar das ganze Schema recht genau, ist aber irgendwie auch wieder sperrig. Der Begriff #funktionale Gesundheit beschreibt es vielleicht etwas besser. Es geht darum, dass nicht nur der Mensch mit einem Problem im Mittelpunkt steht, sondern noch einige weitere Faktoren das Gesamtproblem mit beeinflussen[24]. So sind zum Beispiel die körperlichen Möglichkeiten (Muskeln, Sehnen, Knochen usw.), die um-

23 § 2 Abs. 1 Satz 1 SGB IX

24 vgl. WHO (2005): 23

weltbedingten Möglichkeiten (Geld, Freunde, Wohnort usw.) oder die persönlichen Möglichkeiten (lebensfroh, depressiv, Ängste usw.) ebenso wichtige Faktoren, die beeinflussen, ob ein Mensch trotzdem ein Teil der Gesellschaft sein kann und machen kann, was allen anderen auch möglich ist[25]. Die ganze Sache mit dieser funktionalen Gesundheit ist vom Verständnis her auch nicht ganz ohne. Was man sich zusammenfassend merken sollte ist, dass viele Sachen dafür verantwortlich sein können, ob es einem Menschen schlecht oder gut geht.

Mal ein Beispiel: Zwei Menschen fehlt jeweils ein Bein. Einer wohnt im Plattenbau im Dachgeschoss, hat eine kleine Rente und keine Verwandten. Der andere wohnt mit seiner Familie in einem Haus, hat viele Freunde, die ihn regelmäßig besuchen, sowie einen Pflegedienst, der regelmäßig kommt, und kann sich finanziell nicht beklagen. Ich denke, mit dem Beispiel wird es schon klarer. Nicht nur das fehlende Bein ist ausschlaggebend dafür, was mit einem Menschen passieren kann. Es kommt auf viele weitere Faktoren an, die sich gegenseitig beeinflussen. Theoretisch gäbe es ja nun ein paar Stellschrauben, an denen man drehen könnte. Soziale Kontakte aufbauen, Angebote herausfinden, eine neue Wohnung finden, über Fördermittel einen Aufzug einbauen lassen, einen Pflegegrad beantragen und den Pflegedienst einbeziehen und und und. Mal sind es größere Vorhaben, mal kleinere. Klar ist aber, dass es mit dieser Betrachtungsweise eines Problems auch mehr Lösungsmöglichkeiten gibt. Man sieht nicht nur, dass dem Menschen ein Bein fehlt, sondern, was zum Beispiel ermöglicht werden sollte, dass es besser wird. Vor allem ist klar, dass es nicht nur auf einen Faktor ankommt, den man ändern muss. Es gilt immer, dass es mehrere Punkte gibt, die man notfalls verändern muss. Und die vor allem ein gesundheitliches Problem verbessern. Das alles jetzt für so ein simples Beispiel? An sich wird es ja dadurch klar. Aber was, wenn man dieses Beispiel mal etwas erweitert? Was wäre, wenn der Mensch, der ohne Bein in der Platte wohnt, noch eine

25 ebd.: 4

geistige Behinderung hätte? Nun muss man ja die bekannten Stellschrauben drehen. Angenommen, es wäre mit beiden Beinen für den Menschen nur knapp möglich gewesen, in der Wohnung zu leben. Der Gedanke einer stationären Wohnform legt hier vielleicht nahe. Gesagt getan (Achtung Sarkasmus). Man fragt nicht viel, lässt alles in die Wege leiten, fragt den Betroffenen natürlich nicht viel und der Herr wohnt stationär. Die eigene Wohnung, die eigenen Strukturen und Selbstbestimmung gegen einen stationären Rahmen zu tauschen, kann gut und gerne in Frust münden. Und der kann sich so oder so äußern. Aber ganz bestimmt nicht gut. So wird nun hoffentlich deutlich, dass Änderungen auf Grund eines gesundheitlichen Problems zwar auf diversen Ebenen stattgefunden haben, sich aber nicht unbedingt immer nur positiv auswirken müssen. Es gibt dabei halt mancherlei Eigenschaften, die einem Menschen mehr wert sind. #Selbstbestimmung ist dabei mit Sicherheit ein sehr hohes Gut. Oder würde sich jemand ohne offizielle Diagnose seine #Selbstständigkeit aberkennen lassen, nur weil er gewisse Dinge nicht versteht?

Besonders kompliziert wird es auch, wenn ein Mensch statt einer geistigen Behinderung eine seelische Behinderung hat. Oftmals haben es Menschen mit psychischen Problemen ohnehin schon schwer genug, im Leben auszukommen. Wenn dann noch mehr Faktoren hinzukommen, die das Leben behindern, dann wird es richtig schwierig. Ursprünglich stand ja die Definition als Frage im Raum. Ob es jetzt klarer geworden ist, kann ich nur hoffen. Falls nicht, will ich es an dieser Stelle nochmal ausdrücklich erwähnen. Es geht nicht nur um ein gesundheitliches Problem. Im gesamten Kontext der Lösungssuche geht es immer um #Barrieren. Mit Barrieren meine ich die äußeren Rahmenbedingungen, die außer dem gesundheitlichen Problem um einem Menschen herumschwirren, die von Menschen gemacht sind und die auch von Menschen wieder verändert werden können[26]. Die Dinge, die ein Leben in irgendeine Richtung verändern können, ins Positive wie auch ins

26 vgl. Quack/Schmidt (2013): 18

Negative. Und mit dieser Grundhaltung sollte ein jeder, der in der Sozialen Arbeit tätig ist, ausgestattet sein. Es geht nicht darum, ein Problem bei den augenscheinlichen Gründen versuchsweise zu bearbeiten. Es ist das, was drum herum passiert. Und oftmals sind es die einzigen Bedingungen, die überhaupt zu verändern sind. Es geht darum, dass ein Mensch es schafft, in dem ganzen Gewirr um sich verändernde Rahmenbedingungen einen guten Weg zu finden. Es geht darum, dass ein Mensch funktional gesund ist. Das alles, was jetzt im Vorfeld und im Beispiel beschrieben wurde und so wie es einem Menschen trotz gesundheitlichem Problem ermöglicht, ein Teil der Gesellschaft zu sein und ein für sich gelungenes Leben zu haben, das ist funktionale Gesundheit. Und das ist die Quintessenz, worum es grundliegend in der Behindertenkonvention und dem Bundesteilhabegesetz geht. Es geht um funktionale Gesundheit. Zwar wirkt es recht wenig, wenn es so auf einen Satz gebracht ist, aber es verbirgt sich eine ganze Menge dahinter.

Denn das Bundesteilhabegesetz bringt nämlich dahingehend noch ein paar weitere und konkretere Erneuerungen mit sich. So ist es Menschen mit einer Behinderung nun z. B. möglich, mehr Geld auf der hohen Kante haben zu dürfen, bevor man es für bestimmte Hilfen ausgeben muss. Eingliederungshilfe, also die Form der Hilfe, die Menschen mit einer Behinderung oft in Anspruch nehmen, um die gesellschaftliche Teilhabe zu verbessern, musste ab einem bestimmten Vermögensbetrag häufig selbst gezahlt werden. Die genauen Zahlen ändern sich, seitdem das BTHG in Kraft getreten ist, Jahr für Jahr. Aktuell dürfen behinderte Menschen bis knapp über 50.000€ (Stand 2020) ansparen, und die Eingliederungshilfe zahlt weiterhin Vater Staat[27]. Das ist dann die sogenannte #Vermögensfreigrenze bzw. das #Schonvermögen. Vorher (bis Ende 2016) lag die Grenze mal bei 2600€. Schon ein ziemlich großer Sprung. Und an dieser Stelle muss man mal nicht an die Menschen denken, die in einer Einrichtung leben, sondern primär an die behinderten Menschen, die z. B. auf Grund einer Körperbehinderung

27 vgl. § 139f SGB IX

ein halbwegs normales Leben führen. Großartig in den Urlaub fahren oder auf ein neues Auto zu sparen, war da sozusagen offiziell gar nicht möglich. Auch der Zugang zur Arbeit soll sich mit dem BTHG verbessern. Durch das sogenannte #Budget für Arbeit[28] sollen Menschen, die sonst in eine Werkstatt für Menschen mit Behinderung tätig sind, in eine normalere Arbeit kommen können[29]. Dabei wird es den potentiellen Arbeitgebern schmackhaft gemacht, indem bestimmte Kosten übernommen werden. Der volle Umfang der Kosten eines regulären Arbeitnehmers fällt somit theoretisch nicht an. Konkret handelt es sich dabei um einen Lohnkostenzuschuss, also dass ein Teil des Lohnes (bis zu 75 %) bezahlt wird. Es hat den Hintergrund, dass die sogenannte behinderungsbedingte Minderleistung ausgeglichen wird. Weiterhin werden Kosten für eine Begleitung am Arbeitsplatz übernommen. Das bedeutet, dass Menschen mit einer Behinderung auch eine entsprechende Begleitung auf der Arbeit bekommen können, sobald dies notwendig erscheint. Sozusagen ein Arbeitshelfer. Aus Sicht von Arbeitgebern bestimmt eine denkbare Variante, sich sozial zu engagieren, Arbeitsplätze zu schaffen und Normalität in die Gesellschaft zu bringen. Was die ganze Gesetzesänderung grundliegend bringen soll, ist mehr Selbstbestimmung und Teilhabe[30]. Es soll Menschen ermöglicht werden, ein selbstbestimmteres Leben führen zu können. Im Umkehrschluss bedeutet dies auch weniger Entmündigung. Für Außenstehende könnte es auch völlig banal klingen, dass man solche Dinge überhaupt gesetzlich verankern muss. Es kann natürlich auch sein, dass es für einige Menschen durchaus neu ist, die »behinderte Welt« so zu sehen. Es fallen immer noch häufig Bergriffe wie »Patienten« oder »Insassen«. Damit sind jedoch Menschen gemeint, die in einer besonderen Wohnform (ehemals Heim) leben. Und das macht auch

28 siehe dazu auch § 61 SGB IX

29 siehe dazu auch: BMAS (o.J.): o.S. [https://www.bmas.de/DE/Schwerpunkte/Inklusion/Fragen-undAntworten/was-ermoeglicht-das-budget-fuer-arbeit.html] (Zugriff am 25.6.2020) o.O.

30 BMAS (2016): 2

eine gewisse Bewertung deutlich. Wer die Welt so sieht, denkt bestimmt auch nicht daran, dass »solche Menschen« einer normalen Arbeit nachgehen können. Aber zum Thema, dass Worte eine Realität schaffen können, später mehr.

Eine weitere Neuerung, die zwar nicht direkt mit dem BTHG einher ging, ist das #Budget für Ausbildung[31]. An sich ähnelt dies stark dem Budget für Arbeit, aber ist halt für Ausbildungen. Hierbei besteht jedoch der Unterschied, dass die Lohnkosten komplett übernommen werden können. Die Finanzierung einer Begleitung bei der Ausbildungsstelle wie auch der Berufsschule sollen hierbei ebenfalls übernommen werden.

Und dann gibts noch die sogenannten #ergänzenden und unabhängigen Teilhabeberatungsstellen[32] (kurz: #EuTB). Hinter diesem sperrigen Begriff verbirgt sich eine Beratungsstelle. Diese soll so weit unabhängig sein, dass sie nicht von Trägern betrieben wird, die in der Nähe auch durch andere Angebote vertreten sind. Es soll halt keine Beratungsstelle sein, die sich selber die Kundschaft zuschustert, sondern die uneigennützig agiert. In diesen Beratungsstellen kann man sich über Hilfsmöglichkeiten in seiner Umgebung und im Allgemeinen informieren. Dabei haben die Beratungsstellen zwar einerseits auch Spezialisierungen, da ihr Träger zum Beispiel in bestimmten Bereichen besonders gut aufgestellt ist. Allerdings ist eine ihrer Hauptaufgaben auch, gut vernetzt zu sein. Also vernetzt im Sinne, dass sie sich ziemlich gut auskennen sollten, was es sonst noch so für Angebote in der Umgebung gibt und was man überhaupt so machen kann, um sich Hilfe in entsprechenden Lebenslagen zu holen. Termine kann man recht unkompliziert machen. Es gibt sogar eine App, über die angezeigt wird, wo in meiner Nähe die nächste Beratungsstelle ist. Und man kann damit sogar Termine vereinbaren.

Von einer Änderung, die mit dem BTHG einhergeht, hört man (jedenfalls in der Fachwelt) ziemlich häufig. Damit ist die soge-

31 siehe dazu auch § 61a SGB IX

32 siehe dazu auch [https://www.teilhabeberatung.de] (Zugriff am 26.6.2020)

nannte #Trennung der Leistungen gemeint[33]. Es wird also was getrennt ... aha, Leistungen ... spannend ... Wer das genau verstehen will oder muss, lese bitte weiter. Andernfalls kann dieser Abschnitt auch gern übersprungen werden.

In Kurzform bedeutet es, die Trennung zwischen den Geldern für das Wohnen und den Geldern für die Hilfe. Man kann sich das so vorstellen, dass ein Mensch, der in einer Wohneinrichtung lebt, bis zum Ende 2019 für gewöhnlich ein Gesamtpaket an Geld erhalten hat, wovon alles bezahlt wurde. Bzw. hat das Geld die Einrichtung bekommen, die das Haus betreibt. In diesem Paket waren alle Kosten enthalten, die angefallen sind (Geld für die Hilfe, die Miete, Taschengeld, das Essen usw.). Nun soll es ja mit dem BTHG normaler werden. Also wurde der große Geldbatzen aufgeteilt in mehrere kleine. So sollen Menschen, die in so einer Einrichtung leben, nun eine sogenannte #Grundsicherung im Alter und bei Erwerbsminderung bekommen. Ein sperriger Begriff, aber auch wenn es falsch ist, lässt es sich am ehesten mit dem eher bekannteren Hartz 4 vergleichen. Leute, die sich in diesem Bereich auskennen, jetzt bitte den letzten Satz nicht so auf die Goldwaage legen. Der Vergleich soll nur dem generellen Verständnis dienlich sein. Die Menschen bekommen nun also den sogenannten Regelsatz II, und das steht im zwölften Sozialgesetzbuch. Das gilt aber nur für die, die nicht zufällig noch von irgendwoher eine höhere Rente bekommen. Andernfalls muss die Rente die Kosten decken. Über das Grundsicherungsamt, das die Kosten für den Regelsatz trägt, werden für gewöhnlich auch die Kosten für die Unterkunft (oder auch Miete) bezahlt. Und wer dann wieder wegen der Rente zum Sterben zu viel und zum Leben zu wenig hat, kann das Geld für die Miete bei der #Wohngeldstelle beantragen. Ggf. zahlen die dann noch was dazu. Das wird aber immer individuell berechnet. Somit werden Menschen mit einer Behinderung sozusagen allen anderen gleichgestellt, die auch aus Altersgründen oder weil sie zu wenig

33 siehe dazu auch [https://umsetzungsbegleitung-bthg.de/beteiligen/fd-trennung-von-fach-undexistenzsichernden-leistungen/] (Zugriff am 26.6.2020)

verdienen Geld vom Amt bekommen. Und die Kohle muss dann ausreichen, um Essen, Bekleidung, Zigaretten, Möbel usw. zu bezahlen. Es ist halt das Geld für einen Monat. Aktuell (Stand 2020) sprechen wir da von 389 €[34] bzw. 401 € ab 2021[35]. Das Problem ist dabei nun sehr oft, dass behinderte Menschen häufig auch etwas mehr Geld brauchen. Bestimmte Beeinträchtigungen können dann halt auch mal etwas teurer werden. Da reichen die paar Kröten dann nicht aus, um zum Beispiel eine Gehbehinderung auszugleichen oder die teurere Ernährung zu finanzieren, weil man bestimmtes Essen nicht verträgt. Das sind dann die sogenannten #Mehrbedarfe. Da gibt es bestimmte Paragraphen (wieder im Sozialgesetzbuch), wonach man auf seinen Regelsatz immer eine Schippe draufbekommt[36], wenn man z. B. in seinem Schwerbehindertenausweis bestimmte Merkzeichen (»G« für gehbehindert oder »aG« für außergewöhnlich gehbehindert) hat. Bei Erkrankungen des Darmes, Untergewicht oder Krebs kann man ebenfalls einen Mehrbedarf beantragen, um die erhöhten Kosten zu decken, die solche Krankheiten mit sich bringen. Im Zweifelsfall kann eine Beratungsstellewie die EuTB oder eine #Sozialberatungsstelle dazu Auskunft geben. Das jeweilige Grundsicherungsamt muss dazu sogar beraten[37]. Natürlich gibt es hier und dort noch ein paar weitere Möglichkeiten, auf Antrag Geld locker zu machen, aber soviel erstmal dazu. Mit diesem Regelsatz wird nun also ein Teil finanziert, was ein Mensch so braucht. Die andere Seite betrifft die sogenannte #Fachleistung. Sperriger Begriff, aber da gehts eigentlich nur darum, dass von irgendwoher die Gelder kommen müssen, um die eigentliche Hilfe vor Ort zu bezahlen. Die Mitarbeiterinnen vor Ort machen das ja nicht nur aus reiner Nächstenliebe. Ein Großteil

34 BMAS (o. J.): o. S.: [https://www.bmas.de/SharedDocs/Downloads/DE/regelbedarfsstufen.pdf?__blob =publicationFile&v=9] (Zugriff am 26.6.2020); o.O

35 siehe dazu auch [https://www.bundesregierung.de/breg-de/aktuelles/regelsaetze-steigen-1783208#: %20bisher.] (Zugriff am; 13.10.2020); o.O.

36 siehe dazu auch § 30 SGB XII

37 vgl. § 14 SGB I

geht bei dieser Summe dann für die Gehälter der Mitarbeiter drauf. Diese Summe ist aber nicht so ganz konkret festzumachen, wie der eben beschriebene Regelsatz. Die Höhe der Summe orientiert sich immer daran, wie viel Hilfe ein Mensch so braucht. Mehr Hilfe kostet dann halt auch mehr Geld. Das Ganze bezahlt dann oft das jeweilige Sozialamt. Wichtig ist, dass es die genannten Hilfen nicht einfach so gibt, sondern immer nur auf Antrag. Diesen muss dann die betreffende Person stellen oder halt ein #gesetzlicher Betreuer. Bei welcher Behörde der Antrag eingereicht wird, ist eigentlich egal[38]. Um es leichter zu machen, müssen die Behörden erstmal alles in der Art annehmen und ggf. weiterleiten, wo es hingehört. Dieser Absatz war unter Umständen wahrscheinlich etwas zäh.

Aber in der aktuellen Realität bringt besonders dieser Sachverhalt viele Menschen ins Schwitzen, seien es Ämter, Betreuer oder Kollegen vor Ort. Die ganze Sache könnte ja eigentlich nur als ein bürokratischer Akt bezeichnet werden. Kurz ein paar Summen aufteilen, umbuchen und alles ist geklärt. Aber leider nein. Aufgrund der neuen gesetzlichen Grundlagen muss nämlich auch einiges geändert werden. So müssen seit Beginn des Jahres 2020 neue Verträge bestehen, die das Leben in einer Wohneinrichtung überhaupt weiter ermöglichen. Die alten gesetzlichen Grundlagen für die alten Verträge sind nämlich entweder weggefallen oder haben sich verändert. Und diese ganzen Verträge haben es in sich und beschäftigen vielen Menschen. Kurzgesagt kann man festhalten, dass es eine ganze Menge Arbeit ist, dass, jedenfalls gefühlt, alles so bleiben kann wie bisher.

Schon komisch, wenn man bedenkt, was drei Worte (Trennung der Leistungen) so nach sich ziehen können. Denn an sich war es eigentlich auch ganz anders gedacht. Dadurch, dass Wohnen und die Fachleistung vor Ort getrennt voneinander behandelt werden sollen, wäre es theoretisch auch möglich, dass ein Mensch zwar in Wohneinrichtung von Träger A lebt, aber von Träger B begleitet

38 vgl. § 16 Abs. 2 SGB I

wird, sprich die Fachleistung erhält. Die entsprechenden Träger haben daran natürlich kein Interesse. So plötzlich zum reinen Vermieter zu werden, obwohl man vorher etwas anderes gemacht hat, wäre ja auch irgendwie seltsam. Und logistisch betrachtet, macht das auch nicht wirklich Sinn. In Gegenden, in denen es viele Träger gibt, könnte das sogar richtig lustig werden. Man stelle sich eine Armada von Autos vor, die von Haus zu Haus durchs Land fahren und ihre Fachleistung durchführen. Natürlich wäre es für den »Sozialhilfemarkt« mal spannend, wie sich das alles entwickeln würde, aber wirklich sinnvoll ist es wohl nicht. Dass möglichst vieles so bleibt, wie es ist und nicht über Nacht alle Wohneinrichtungen geschlossen werden müssen, wurden nun, wie gesagt, neue Verträge erstellt. Nun müssen seit dem 1.1.2020 entweder Mietverträge mit den Menschen geschlossen werden, die in Wohneinrichtungen der Eingliederungshilfe leben. Dann hätte man aber die besagte Situation, dass die Fachleistung und das Wohnen auch von unterschiedlichen Trägern geleistet werden könnte. Um dennoch die Kombination zu behalten, wie es vorher war, wurden primär sogenannte #Wohn- und Betreuungsverträge geschlossen. Diese Kombinationsverträge sorgen dafür, dass vieles so bleibt, wie es ist. Jetzt reicht es aber erstmal damit. Wer mehr wissen möchte, lasse sich bitte dazu beraten oder recherchiere fleißig[39].

Das war zwar noch nicht alles, was diese neuen Gesetze mit sich gebracht haben und noch weiter mit sich bringen werden. Auf weitere konkrete Beispiele will ich aber hier erstmal nicht weiter eingehen. Es lohnt sich aber definitiv, an diesen Prozessen dran zu bleiben, da die neuen Möglichkeiten für die betroffenen Menschen viel bedeuten können.

Was kann man nun insgesamt dazu sagen? Wie kann man den ganzen Werdegang und die ganzen Änderungen bewerten? Ja, es gibt viele neue Gesetze. Und sie haben auch Änderungen nach sich gezogen. Um nur mal am bereits beschriebenen Beispiel zur Trennung der Leistungen dran zu bleiben. Dadurch, dass die Wohnun-

39 siehe dazu auch Wohn- und Betreuungsvertragsgesetz

gen jetzt separat bezahlt werden, ist es leichter einzusehen, dass es jetzt, auch finanziell gesehen, die eigenen Wohnungen sind. Die Bewohner von Wohneinrichtungen bezahlen ihre eigene Miete, vom Geld, das auch von ihrem eigenen Konto abgeht. Das mit dem eigenen Konto ist übrigens auch eine der Änderungen mit dem BTHG. Aber jetzt reicht es wirklich erstmal damit.

Mitarbeitern, denen das vorher vielleicht egal war, könnte man nun mehr entgegensetzen zum Thema #Selbstbestimmung. Wer würde auch schon auf die Idee kommen, eine fremde Wohnung umzugestalten, ohne die Bewohner mit einzubeziehen? Und darum geht es. Es geht um einen grundlegenden Wechsel der Betrachtungsweise. #Paradigmenwechsel wird in diesem Zusammenhang auch immer gern dazu gesagt. Denn, so sollen die Bewohner von solchen Wohneinrichtungen nicht mehr als die Bewohner von einem Haus gesehen werden, sondern eher als Mieter ihrer eigenen Wohnung. Und zufälligerweise ist das halt eine Art größere WG, und alle Mitbewohner bekommen in irgendeiner Art und Weise Hilfe. Und da kommt nochmal der große thematische Rückblick zur Selbstreflexion. Nur so lang es den Akteuren vor Ort möglich ist, diesen Perspektivwechsel umzusetzen, zu verstehen und danach zu handeln, nur dann ist es auch möglich, dass sich wirklich etwas verändert[40].

40 vgl. DBSH (2014): 26

Leitideen

Um den Schwung des letzten Abschnittes gleich gut zu nutzen, geht es an dieser Stelle weiter mit den Grundideen der Eingliederungshilfe. Manche nennen es auch Prinzipien oder Leitideen, aber wichtig ist eigentlich nur, dass die folgenden Betrachtungsweisen grundlegend die Handlung eines Menschen ausmachen, der in der Sozialen Arbeit (insbesondere der Eingliederungshilfe) tätig ist. Und abgesehen davon, dass man sein Handeln daran ausrichten sollte, kann man sich daran auch sehr gut reflektieren. Man kann Situationen und Herangehensweisen durch diese Leitideen begründen, vor sich und anderen Menschen.

Vorab möchte ich gern noch ein Konzept beschreiben, welches zwar nicht im regulären Sinne zu den Leitideen gehört, aber dennoch aktuell total wichtig ist. Denn es bildet das fachliche Gerüst des BTHGs. Es geht um den sogenannten #Capability Approach, (CA) auch #Befähigungsansatz genannt. Dieses ganze System wurde von schlauen Leuten entwickelt und durch andere schlaue Leute weiterentwickelt. In diesem Sinne ist das Mantra oder Ziel, dass Menschen ein gelungenes Leben führen können[41]. Es geht dabei viel um die Würde des Menschen und vor allem die Entwicklungschancen, die jeder Mensch hat. Ein wichtiger Punkt dabei ist die Abfolge von Befähigungen eines Menschen und den Fähigkeiten, die ein Mensch daraus entwickeln kann. Menschen müssen bestimmte Befähigungen haben, sodass andere Fähigkeiten überhaupt möglich sind[42]. Als Beispiel: Ein Mensch muss Gefühle haben, um ein eigenständiges Leben zu leben oder Gut von Böse zu unterscheiden. Oder: Ein Mensch muss geistig dazu in der Lage sein, sich Wissen aneignen zu können, sonst wird er in der Schule nichts oder wenig lernen. Klingt vielleicht etwas flach, aber macht schon einen wichtigen Teil des gesamten Ansatzes aus. Wer jetzt nochmal das Beispiel mit dem #Bio-Psycho-Sozialen Modell aus dem letzten Abschnitt parat hat, sieht hoffentlich Parallelen. Denn dieser Befähigungsansatz ist sozusagen die fachliche Basis des BTHG. Ein entscheidender Punkt ist noch, dass die Umsetzung dieses Ansatzes nur funktionieren kann, wenn sich die Politik entsprechend stark macht und ihn verinnerlicht[43]. Im Rahmen des BTHG bzw. der Behindertenrechtskonvention scheint dies auf einem guten Weg zu sein, dass der Ansatz durch gesetzliche Einbindung umgesetzt wird. Wie gesagt, das Ziel ist, dass jeder Mensch ein in seinem Sinne gelungenes Leben führen kann. Und das wäre doch echt eine schöne Vorstellung. Jetzt geht es mal in die konkreteren Leitideen. Die Reihenfolge soll jetzt nicht besagen, dass eine Idee wichtiger oder unwichtiger ist als die andere. Alle haben einen individuellen Stellenwert. Aber mit irgendwas muss man an-

41 vgl. Röh: (2011): 109; vgl. Wendt (2010): 175

42 vgl. Nussbaum in Klier (2009): 10; Nussbaum in Röh (2011): 111ff; vgl. Ahrlichs (2012): 49

43 vgl. Röh (2011): 107

fangen. Und das Schöne ist, dass sie eh alle irgendwie zusammenhängen und miteinander in Verbindung stehen.

Dann nehmen wir mal an erster Stelle die #Selbstbestimmung. Eigentlich die Leitidee schlechthin und eines der Hauptanliegen der Behindertenrechtskonvention. Einfach erklärt könnte man sagen, dass auch Menschen mit einer Behinderung über ihr Leben und die Umsetzung sozialer Beziehungen selbst entscheiden können[44]. Dass man darüber überhaupt reden muss, klingt schon irgendwie seltsam. Aber die Realität zeigt, dass dies bei weitem noch nicht vollends umgesetzt ist. Aber wo fängt man an und wo hört man auf? Generell könnte man sich als Leitsatz vor Augen führen, dass ein Mensch mit einer Behinderung auch genau solche Entscheidungen treffen dürfen sollte wie ein Mensch ohne Behinderung. Und sei es nur, wenn es darum geht, welche Kleidung man anziehen will, ob man die Gabel links oder rechts vom Teller platziert oder ob man vor dem Duschen Abendessen will oder nicht. An sich geht es um jede Entscheidung, die ein Mensch in seinem Leben treffen kann und sollte. Ein damit häufig verwendeter Begriff wird als #Hospitalisierung[45] bezeichnet. Menschen, die in entsprechenden Einrichtungen leben, haben quasi verlernt, eigene Entscheidungen zu treffen, und gelten somit als hospitalisiert. Sie können sich nur noch an den vorgegebenen Strukturen orientieren, die ein Haus und seine Mitarbeiter so vorgeben. Und solche Strukturen geben zwar auch auf der einen Seite Sicherheit. Man weiß, was man hat und bekommt und wie man sich verhalten muss, um keinen Stress zu bekommen. Allerdings schafft man es dann auch nur in einer solchen Einrichtung zu leben. Sobald man es im »richtigen Leben« versucht, könnte es dann schwierig werden. Und auch wenn es dann funktioniert, wirken solche Menschen gern noch eingeschränkter, da sie einfach durch bestimmte Verhaltensweisen auffallen. Bei den Kritikern kommen oftmals Gedanken auf, die in irgendeiner Art in Frage stellen, dass Menschen

44 vgl. Dommermuth (2004): 59

45 siehe dazu auch v. Kardorff (2010): 297

mit einer Behinderung überhaupt dazu in der Lage sind, eigene Entscheidungen sinnvoll für sich zu treffen. Aber da wären wir auch bei einem wichtigen Stichwort: dem des Sinns. Damit verbunden ist dann gleichzeitig oft ein gewisser Unsinn. Indem man eine Handlung beobachtet und damit abgleicht, wie man es selber getan hätte, geht häufig eine Bewertung einher. Man bewertet dann so etwas häufig als sinnvoll oder sinnlos. So passiert es dann oft, dass man Menschen mit einer Behinderung seine Sicht der Dinge überbügeln will. Ist ja auch viel einfacher als bei Menschen, die gegen so ein Verhalten klar protestieren würden. Ich würde meinen Vorgesetzten jedenfalls nicht vorschreiben, dass eine Tasse Kaffee am Tag reicht. Da müsste ich schon mit Konsequenzen rechnen. Aber einem behinderten Menschen sowas vorzuschreiben, kann sehr einfach sein. Und ja, das ist gang und gäbe. Mit welchen Konsequenzen muss man denn rechnen? Was soll mir denn rückblickend nachgetragen werden? Wer soll im Zweifelsfall den behinderten Menschen denn glauben? Nahezu niemand. Und da ist das Problem. Es kommt auf den Rahmen an, in dem ein Mensch sich befindet. Wenn die betroffene Person in einem Rahmen lebt, in dem es normal ist, dass sie bevormundet wird und die einzelnen Menschen dies mittragen und es als normal ansehen, dann wird sich daran auch nicht so schnell etwas ändern. Wenn der Rahmen allerdings reflektiert ist, was die Selbstbestimmung angeht, und man sich seiner eigenen Macht bewusst ist, dann kann es in eine ganz andere Richtung gehen. Nun ist die Größe des Rahmens natürlich entscheidend. Ein Rahmen kann eine Familie sein, eine Wohneinrichtung, eine Arbeitsstätte, ein Geschäft, eine Behörde, ein Landkreis, ein Land und so weiter. Sobald in einem Rahmen wahre Selbstbestimmung gelebt wird, muss das nicht gleich bedeuten, dass es in einem anderen Rahmen genauso funktioniert. Und da kann man leider auch wieder nicht verallgemeinern, wo es funktioniert und wo nicht. Es gibt Familien wie auch Wohneinrichtungen, in denen es klappt und in anderen wieder nicht.

Kommen wir mal zum nächsten Punkt: #Integration/Inklusion. Auch wieder eines der großen und modernen Ziele, von denen im Rahmen der Eingliederungshilfe so häufig zu hören ist. Warum diese beiden Begriffe im selben Atemzug genannt werden? Weil sie einerseits sehr stark miteinander in Verbindung stehen. Viel mehr aber noch, da sie aufeinander aufbauen und bestenfalls einander ablösen könnten. Mit Integration kann wahrscheinlich fast jeder etwas anfangen. Aber trotzdem möchte ich zuerst auf Inklusion eingehen. Denn dieser Begriff wird häufig in der Gesellschaft gemeint, wenn von Integration die Rede ist. Es beschreibt die vollkommende Teilhabe am gesellschaftlichen Leben[46] und dem Nebeneinanderleben von verschiedenen gesellschaftlichen Gruppen[47]. Menschen mit einer Behinderung gehören genauso dazu wie alle anderen auch. Behinderte Kinder gehen in normale Schulen, behinderte Menschen arbeiten an normalen Arbeitsplätzen oder behinderte Menschen leben in einer normalen Wohnung. Das Wort »behindert« könnte man jetzt auch durch sämtliche andere Randgruppen ersetzen. Das würde hier zwar den Rahmen sprengen, aber an sich läuft es auf dieselbe Sache hinaus. Und zwar, dass diejenige Gruppe, die aktuell noch als besondere Gruppe gesehen wird, bald gar nicht mehr existiert, da sie ein vollwertiges Teil der Gesellschaft geworden ist.

Das Wort »normal« spielt hierbei eine besondere Rolle. Diesem Wort könnte man natürlich einen besonders großen Rahmen bieten. Also entweder man setzt sich mal im intellektuellen Kreis zusammen und erarbeitet einen Konsens oder man geht davon aus, was der Bauch einem sagt, wenn man über #Normalität spricht. Ich stelle mal die These in den Raum, dass man am Ende auf dasselbe Ergebnis kommt. Also nochmal: Inklusion ist, wenn alle dabei sind. Warum Integration so häufig und fälschlicherweise mit Inklusion verwechselt wird, kann ich auch nicht wirklich sagen. Jedenfalls ist Integration ein notwendiger Schritt vor Inklusion. Wenn

46 vgl. Bengel/Lyssenko (2012): 44ff

47 vgl. Mogge-Grotjahn/Boeckh (2002): 125

man davon ausgeht, dass Menschen noch in einem separaten Rahmen, fern ab von der Gesellschaft in ihrem kleinen Setting unterwegs sind (#Separation), geht es natürlich nicht, dass auf einmal alle Barrieren abgebaut sind. Dieser Zwischenschritt ist dann die Integration[48]. Bevor behinderte Menschen z. B. aus ihrer 36-Mann starken besonderen Wohnform am Waldesrand in die belebte Großstadt ziehen, braucht es etwas, um alle Parteien darauf vorzubereiten. Dieser Zwischenschritt könnten dann zum Beispiel kleinere WGs am Stadtrand sein. Und es braucht erstmal Zeit, solche Vorhaben zu entwickeln und zu ermöglichen. Und da geht es nicht in erster Linie um die Rahmenbedingungen wie Finanzierung, Wohnraumbeschaffung oder dergleichen. Es geht ebenfalls auch darum, eine Gesellschaft vorzubereiten, was wirklich auf sie zukommt. So von Knall auf Fall in der schicken Reihenhaussiedlung eine WG für behinderte Menschen zu etablieren, kann schon schwierig werden. Man hört förmlich schon die Proteste. Auf einer Art auch irgendwie verständlich. Menschen haben oft Angst vor neuen Dingen. Wir scheinen so gepolt zu sein, erstmal Angst zu empfinden, wenn uns irgendwas neu ist. Aber mal angenommen, dass alles geklappt hat. Man ist mit den neuen WGs gut angekommen, konnte mittlerweile mit den Nachbarn etwas auf Tuchfühlung gehen, versteht sich und ab und an grüßt man sich am Gartenzaun. Das klingt zwar noch nach ganz am Anfang, ist allerdings extrem viel wert. Das wäre dann Integration im Bereich Wohnen. Man ist zwar mittendrin, aber noch irgendwie für sich. Der nächste Schritt wäre dann die Inklusion, sobald alle Menschen, die vorher in der WG gelebt haben, in noch kleinere WGs oder einzelne Wohnungen überall in der Stadt verstreut leben würden. Natürlich geht es nicht nur im Bereich Wohnen. Im Bereich der Arbeit wäre es dann beispielsweise vom hauseigenen Beschäftigungsbereich – in die Werkstatt für behinderte Menschen – in den allgemeinen Arbeitsmarkt. Freizeit: von der Ergo-Gruppe in der Einrichtung – in die Behinderten-Schwimm-Gruppe – in den öffentlichen Sport-

48 vgl. Nirje (1991): 25f

verein. Und wie immer kann man diese großen Beispiele entweder so wie jetzt im großen Rahmen auch wieder in kleineren Beispielen beschreiben. Das wäre doch auch mal eine tolle Idee für ein Party-Spiel: einer nennt eine gesellschaftliche Situation, die anderen müssen unterscheiden, ob es sich um Integration oder Inklusion handelt. Vielleicht wäre es nur lustig für Heilerziehungspfleger oder es wird das nächste online Phänomen. Ich glaube aber eher nicht.

Denn darin besteht auch wieder ein Problem der ganzen Situation. Es interessiert nicht wirklich, was (behinderte) Randgruppen so benötigen und was wirklich gut für sie wäre. Denn es macht Arbeit, ist anstrengend und braucht Zeit und Geld. Und es läuft ja gerade alles ganz unkompliziert und warum sollte man sich anstrengen, wenn am Ende kein Profit winkt?! Und Achtung, jetzt kommt der Übergang ... Es geht um #Partizipation a.k.a. #Teilhabe. Das große Ding, um was sich wieder mal alles dreht. Das ist sogar so wichtig, dass es bis ins Gesetz gekommen ist. Es heißt ja schließlich auch nicht BundesBEHINDERTENgesetz. Das klingt ja auch nicht wirklich gut. Damit schließt sich schon der logische Aufbau zur Inklusion an. Wenn Inklusion wirklich funktioniert hat, können Menschen in allen Bereichen der Gesellschaft teilhaben, mitmachen, mitwirken oder einfach nur dabei sein. Auch hier gehts nach dem Mantra: wenn es die jeweiligen Personen auch möchten. Ich finde es jetzt schon wieder irgendwie seltsam, dass ich versuche, dieses Thema in kurzer Form darzustellen, wobei es zig Bücher dazu gibt, die sich ausgiebig mit dem Thema beschäftigen. Aber am Ende geht es um eine Sichtweise, die vorhanden sein muss. Solange es Menschen ermöglicht werden kann, in einem bestimmten und kleinen Bereich ein Teil der Gesellschaft werden zu können, ist viel getan. Hierbei geht es auch immer um den Erfolg der kleinen Schritte. Man wird nicht so einfach ohne Weiteres und ohne Rückschritte einen Menschen mit einer geistigen Behinderung in Arbeit auf den ersten Arbeitsmarkt bringen. Probleme könnten dabei sein, dass die jeweilige Firma überhaupt kein Interesse daran hat, keinen verwertbaren Nutzen sieht, die jeweilige

Person Angst davor hat oder sich nicht angenommen fühlt. Und das war nur ein kurzer Abriss von Problemen, die potenziell entstehen können. Aber es gibt natürlich Möglichkeiten, auch einen Menschen mit Behinderung zu einem Arbeitsplatz zu verhelfen. Die Themen Budget für Arbeit oder Budget für Ausbildung wurden ja schon beschrieben. Auch wenn sie wieder eher künstliche Varianten sind, den Zugang zur Arbeitswelt zu ermöglichen, sind es Herangehensweisen, die ein erster Schritt in Richtung #Partizipation darstellen. Denn wie schon gesagt: es muss halt irgendwie losgehen. Sonst ändert sich nichts.

Eine weitere Leitlinie stellt das #Normalisierungsprinzip dar. Ein Leben so normal wie möglich zu führen, ist dabei das Ziel für Menschen mit einer Behinderung[49]. Dabei ist jedoch nicht gemeint, die Menschen mit Behinderung »normal zu machen«[50]. Ja, ich weiß, das Thema Normalität hatten wir schon mal. Normalität, die wahrscheinlich jeder unterschiedlich wahrnimmt, aber doch auch wieder alle fast gleich sehen. Das ganze Prinzip kann man natürlich auch etwas mit Leben füllen. Es gab wieder mal einen schlauen Mann, der das Ganze aufgedröselt hat[51]. So spricht man zum Beispiel von einem normalen Tagesrhythmus. Da gehts dann darum, dass man dabei einen normalen Ablauf hat wie Aufstehen, Waschen, zur Arbeit fahren, Arbeiten usw., also das, was man halt so macht. Und dieses »was man halt so macht« könnte man schon als Normalität bezeichnen. Wenn man also mal an Menschen denkt, die mitten in der Nacht aufstehen und auf einmal durch die Gegend schlendern oder vor lauter Gedanken nicht mehr einschlafen können, dann würden die meisten schon sagen, dass es nicht normal ist. Auch wenn es einem noch so leidtut. Dann geht es weiter mit der Trennung von Arbeit, Freizeit und Wohnen. Ganz platt gesagt, wenn man nicht gerade Homeoffice hat, fährt man zur Arbeit und für gewöhnlich schon an einen anderen Ort. Und die Frei-

49 vgl. Thimm (2005): 14

50 vgl. Nirje/Perrin (1991): 28

51 vgl. Nirje in Thimm 2005: 21

zeit findet auch nicht auf der Arbeit statt. Klingt eigentlich auch recht plausibel. Wenn man jedoch an (hoffentlich) frühere Zustände in der Eingliederungshilfe denkt, da war das noch oft etwas anders. Wenn es schon sowas wie Arbeit bzw. Freizeitgestaltung gab, dann musste man oft nur ein paar Türen weiter gehen. Hat natürlich den Vorteil, dass man seine Hausschuhe anlassen kann, wenn man zur Arbeit geht, aber das wars dann auch schon. Ok, ein Arbeitsweg von weniger als einer Minute war vielleicht auch noch ein Vorteil. Aber sonst hat man an dem Tisch gearbeitet, an dem man auch gefrühstückt hat und bleibt dann gleich auch dort sitzen, um ein Gesellschaftsspiel zu spielen. Und nebenbei musste man sich in seinem Leben auch nicht viele Namen merken. Denn die Mitbewohner waren auch gleichzeitig Kollegen und ebenfalls Freizeitgesellen. So richtig normal klingt das ja nun nicht, deshalb hat sich dahingehend auch einiges geändert. Vielleicht noch nicht zur Perfektion, aber bestenfalls auf dem Weg dorthin. Zwar gibt es noch die Wohneinrichtungen bzw. die besonderen Wohnformen, aber zur Arbeit fährt man zumindest in die Werkstatt für Menschen mit Behinderung. Dort sieht man zwar bestimmt auch noch immer viele Gesichter, die man auch aus den vier Wänden zu Hause kennt, aber sicherlich auch viele andere. Das ganz große Kino ist dann, wenn man nach der Arbeit noch eine separate Truppe hat, mit der man sich dann ab und an trifft. Welche Art von Hobby es auch immer ist, spielt dabei nicht wirklich eine Rolle, sondern dass man sich trifft. Ob nun zum Skat, Computer Club oder einfach nur zum Schnack auf der Bank. Hauptsache es sind einfach ein paar verschiedene soziale Kontakte, auf die man im Laufe der Woche bauen kann. Persönlich stelle ich es mir andernfalls sonst schon seltsam vor, wenn ich neben dem an der Werkbank stehe, den ich sonst auch im Schlafanzug kenne und mit dem ich joggen gehe.

Irgendwie so wie täglich grüßt das Murmeltier. Man merkt, es wird schon konkreter, was mit Normalität gemeint sein könnte. Ein normaler Jahresrhythmus zählt als nächstes dazu. Das Feiern von Festen oder die verschiedenen Bräuche, die man im Verlauf eines Jahres so abhält, darum geht es. So sind dies auch in der heutigen Zeit recht konstante Größen, die auch im Jahresverlauf von Menschen in einer entsprechenden Gemeinschaftseinrichtung eine Rolle spielen. Unterschiedliche Träger setzen dabei auch unterschiedliche Schwerpunkte. Und es gibt natürlich auch unterschiedliche Schwerpunkte, je nach Kulturkreis. So ein Jahresrhythmus bringt ebenfalls wieder einen Rhythmus des Tages, Sicherheit und Kontinuität. Solange man sich am Tag, an der Woche und am Jahr an festen Punkten orientieren kann, bringt das Gewissheit, auf die man bauen kann. Ein besonderer Teil von Normalität ist auch der altersbedingte Unterschied zur Umwelt. Ältere Leute fahren selten mit dem Mountain Bike durch Wald und Wiese, junge Leute gehen eher selten zum Musikantenstadl. So in etwa könnte man zugespitzt sagen, dass auch im Hinblick auf die Altersstruktur der Menschen Unterschiede in den Angeboten gemacht werden sollten. WLAN-Hotspots in besonderen Wohnformen? Ja, langsam wird's Zeit. Man sollte bei der Gestaltung der Angebote innerhalb von Einrichtungen natürlich immer auch auf die Altersstruktur achten. Wenn man überhaupt alles immer selber machen muss. Bestenfalls nutzt man Angebote, die es bereits gibt. Ins Kino oder in die Disco gehen, einen Stadtbummel oder zum Gemeindesingen. Immer je nachdem, für wen das Angebot da sein soll. Da lohnt es sich auch mal generationsübergreifend nachzuforschen, was gerad so hip ist. Also: Alte fragt die Jungen und Junge fragt die Alten. Die Einbeziehung zur Selbstbestimmung ist ein weiterer Punkt. Kurzum geht es mit dem schönen Mantra: Nichts über uns, ohne uns. Damit wäre eigentlich schon fast alles gesagt. Man sollte Menschen überall dort einbeziehen, wo es sie betrifft. Ohne jetzt konkretere Beispiele zu nennen ... man sollte sich im beruflichen Alltag mal die Frage stellen, warum an bestimmten Stellen die betroffenen Menschen nicht dabei sein sollten, wenn es doch um sie geht.

So geht es um einen sogenannten normalen Kontakt zwischen den Geschlechtern. Und so normal, wie es eigentlich sein sollte, ist es im Bereich der Menschen mit Behinderung immer noch ein besonderes Unterfangen, wenn es um das Thema #Sexualität geht.

Vorerst sei aber noch gesagt, dass man gar nicht gleich soweit denken muss, als wenn es nur um den Beischlaf geht. Überhaupt sollte man im Vorfeld sagen, dass es noch gar nicht so lang her ist, dass Menschen mit einer Behinderung in gleichgeschlechtlichen Einrichtungen lebten. Also reine Männer- oder Frauen-Einrichtungen. Wirkt ein wenig so wie im Ferienlager, wie man es aus manchen Filmen kennt, wo die Jungs abends über den See ins Ferienlager der Mädchen fuhren. So ein Ferienlager ist ja irgendwann mal vorbei, aber das Leben in einer Einrichtung? Das kann dann schon mal etwas länger dauern. Natürlich lebt man fernab der Realität, wenn man nichts vom anderen Geschlecht weiß. Also Klartext: es sollte so sein, dass Männer und Frauen, wenn sie schon in einer Einrichtung leben müssen, dann bitteschön auch gemeinsam[52]. Und das sollte dann nicht das Ende der Fahnenstange sein. Denn dass zwischen Mann und Frau auch mehr laufen kann, sollte auch Menschen mit einer Behinderung möglich sein. Was man in Gesprächen darüber ziemlich oft hört ist, dass Menschen mit einer Behinderung sich natürlich einen Partner wünschen. Wer es vielleicht vergessen hat, sollte nochmal zum Thema der #Grundbedürfnisse zurückblättern. Auch wenn oft zu hören ist, ist es der Wunsch nach einem Partner ohne eine Behinderung. Ob es nun eine Form der Stigmatisierung, der Selbsterkenntnis oder sonst was ist, bleibt mir erstmal weiter fraglich. Es geht ja auch nur erst einmal um den Fakt und natürlich auch das Recht der Menschen. Natürlich will ich nicht verschweigen, dass es dabei auch zu Schwierigkeiten kommen kann (wie bei nicht-behinderten Menschen auch).

So gibt es auch sozusagen »wehrlose« Menschen mit einer Behinderung, die schnell in eine Opferrolle geraten können und damit auch Opfer von sexueller Gewalt werden können. Ja, sowas kann auch in Einrichtungen der Eingliederungshilfe vorkommen[53]. Dieses Thema sollte natürlich auch immer mitbedacht werden, da

52 vgl. Nirje/Perrin (1991): 19

53 siehe dazu auch Baldus/Utz (2011)

es auch ziemlich häufig entweder als handfester Grund gelten kann, Menschen auch voreinander zu schützen, aber auch oftmals eine Ausrede dafür ist, dass man sexuelle Kontakte unter behinderten Menschen unterbindet. Das Thema muss halt auf den Tisch und offen besprochen werden. Sei es in der #Teamberatung oder auch beim Thema der sexuellen Aufklärung. Es kann ein heißes Eisen sein und ist auch leichter geschrieben als in Realität ausgesprochen, aber es ist ein Muss. Auch wenn es der Wunsch vieler Menschen ist, einen Partner zu haben, Zärtlichkeit zu erfahren oder sexuelle Kontakte zu pflegen, ist es natürlich nicht so einfach. Und wenn viele Kollegen auch methodisch gut aufgestellt sind, reicht der Methodenkoffer nicht wirklich aus. Doch an dieser Stelle sei gesagt, dass es auch dahingehend Spezialisten gibt. Sogenannte #Sexualbegleiter können unterstützen, wie man mit eigener Sexualität umgeht oder wie man miteinander als Paar intim werden kann, obwohl es körperlich nicht ohne Hilfe möglich ist. Das Thema Selbstbefriedigung gilt immer noch oft als verpönt und kann an dieser Stelle sogar mal erlernt werden. Ja, es klingt vielleicht komisch, aber es ist kein Einzelfall, dass auch Menschen mit einer Behinderung das Thema Selbstbefriedigung erstmal irgendwie erlernen müssen. Im Rahmen der Prostitution gibt es jedoch auch Möglichkeiten. Auch Menschen mit einer Behinderung können (bei entsprechenden finanziellen Grundlagen) solche Dienstleistungen in Anspruch nehmen. Das geht aber leider oder auch zum Glück nicht überall. Über Internetrecherchen kann man sich über entsprechende Angebote allerdings informieren. Mit ein bisschen Mut oder Neugier nimmt man dann auch mal stellvertretend Kontakt auf, um die Lage zu peilen. Denn es ist schon wichtig, dass man da auch nicht irgendwen engagiert. So gibt es auch Läden, die anbieten, auch mit behinderten Menschen Sex zu haben, aber es ist nicht immer alles Gold, was glänzt. Auch hier gilt, offen über Vorbehalte zu reden, ist schon viel wert.

Ein weiterer Punkt zur Normalität ist ein wirtschaftlicher Standard. Das bezieht sich einerseits auf die finanziellen Mittel, die einem Menschen zur Verfügung stehen, aber unter anderem auch auf die Rechte, die man hat. Aber fangen wir mal bei dem lieben Geld an. Früher war alles besser. Leider nein. In diesem Fall nicht. Dass Menschen mit einer Behinderung früher nicht wirklich viel zu lachen hatten, sollte mittlerweile deutlich geworden sein. Früher gab es nicht wirklich Geld für die Erfüllung eigener Wünsche. Zwischendurch hat sich das Ganze noch geändert, dass es sogenannte #Barbeträge gab. #Taschengeld hört man da auch ziemlich oft. Auch wenn der Begriff extrem unpassend ist, so wird es auch heute noch verwendet. Mit dem BTHG hat sich dahingehend auch wieder einiges geändert. Menschen mit einer Behinderung (und ich sehe dabei mal vermehrt die, die in einer besonderen Wohnform leben) beziehen jetzt eine Art Hartz 4. Ja ich weiß, sie bekommen nicht wirklich Hartz 4. Dabei geht es um eine ganz andere gesetzliche Grundlage. Aber wäre es deutlicher geworden, wenn ich gesagt hätte, dass sie anstatt einer Grundsicherung für erwerbsunfähige Leistungsberechtigte eine #Grundsicherung im Alter und bei Erwerbsminderung erhalten? Ich denke auch. Und nebenbei gesagt, sind die Summen bei beiden Varianten in derselben Höhe. Die sind dann immer in bestimmten Stufen aufgeteilt, aber ich glaube, das habe ich schonmal gesagt. Bestenfalls einfach mal im Internet nachschauen, wie hoch die Summen im jeweiligen Jahr sind. Denn sie steigern sich jährlich. Jedenfalls bekommen die Menschen, die zu diesem Grundsicherungs-Kreis gehören, genauso ein Geld, als wenn sie in einer eigenen Wohnung leben und halt ganz normale »Stütze« bekommen. Es wird halt normaler. Und darum geht es auch im BTHG. Der zweite Punkt bezog sich eher auf die Rechte, die auch einem Menschen mit Behinderung zugesprochen werden sollten. Und auch hier könnte man vom Kleinen zum Größeren erzählen. Das generelle Recht, zu leben bzw. überhaupt als lebenswert gezählt zu werden, sah zu NS-Zeiten noch ganz anders aus. Menschen mit einer Behinderung wurden gezielt deportiert und getötet. Weil ihnen nicht das Recht zugesprochen wurde, als lebenswertes Individuum zu zählen. Dies ist zwar ein ziemlich krasses Beispiel, aber genau so war es. Nun gibt es auch andere Beispiele wie die Wahlfreiheit. Bis 2019 war es so, dass Menschen, die für alle Lebensbereiche unter einer gesetzlichen Betreuung standen, pauschal von Bundestags- oder Europawahlen ausgeschlossen waren. Das hat sich zum Glück auch geändert und ist nun möglich. Es soll deutlich werden, dass Menschen, auch wenn sie eine Behinderung haben, nicht einfach auch an ihren Menschenrechten beschnitten werden sollen.

Ja, ich hätte es auch in Kurzform sagen können. Für Deutschland klingen diese Sachen (hoffentlich) meistens recht plausibel, aber wie siehts in anderen Ländern aus?! Und darum geht es. Vielleicht sind wir in Deutschland verhältnismäßig weit ... Darüber kann man natürlich auch streiten. Aber es ist das Ziel dieses Prinzips, dass es sich nicht nur auf einzelne Länder bezieht, sondern auf die Menschen mit einer Behinderung und unabhängig von dem Land oder Kontinent, in dem sie wohnen. Ziel ist es, dass die jeweilige Person mit all ihren Hintergründen (Kultur usw.) Normalität erfahren können. Und Normalität ist häufig etwas Unterschiedliches. Wenn es auch von Kulturkreis zu Kulturkreis ähnlich sein kann.

Der letzte Punkt, der das Normalisierungsprinzip beschreibt, benennt Standards in den Wohneinrichtungen. Durch die genannten Beispiele ist wahrscheinlich in dieser Richtung schon viel gesagt worden. Es geht darum, dass nicht jeder einfach ein Haus aufmachen kann und da solche Hilfen anbietet. Da gehört schon etwas mehr dazu. Man muss dafür mit dem jeweiligen Landkreis, in dem man ansässig ist, eine Vereinbarung abschließen. Und darin wird dann alles beschrieben. Dass man ausgebildete Menschen beschäftigt, wie sie bezahlt werden, welche Menschen man in der Einrichtung aufnimmt, was das kostet, was man überhaupt macht und und und. Wer mehr über das Haus wissen möchte, in dem er arbeitet, fragt seine Vorgesetzte mal nach der #Leistungs- und Entgeltvereinbarung. Da steht sowas dann drin. Ist echt mal interessant. Hinzu kommt dann noch ein Konzept, in dem man minuziös beschreibt, wie man arbeiten will. Aber auch noch allerhand andere gesetzliche Vorgaben, die man dabei erfüllen muss. Ebenfalls gibt es Dinge, die es zu beachten gilt, um am Puls der Zeit zu bleiben.

Alles gut und schön bis hierher. Aber wer kontrolliert das denn? Da kann ja jeder kommen. Das macht die sogenannte #Aufsicht für unterstützende Wohnformen. Früher hießen die auch die #Heimaufsicht. Jedenfalls gibt es Menschen, die für das jeweilige Bundesland arbeiten und die dafür zuständig sind, Gemeinschaftseinrichtungen zu überprüfen. Ob nun eine Beschwerde eingeht oder es einfach mal so dran ist, diese Damen und Herren kommen mit oder ohne Termin mal vorbei und schauen sich um. Vorgesetzte sind dann für gewöhnlich immer recht aufgeregt. Denn im worst case haben diese Leute die Möglichkeit, nicht nur Mängel aufzuzeigen, die beseitigt werden sollen, sondern können Einrichtungen auch komplett schließen. Und die schauen dann auch gerne mal ganz genau auf die Sachen, die ursprünglich mal ganz fein aufgeschrieben wurden und hoffentlich nicht in Vergessenheit geraten sind. Die Zuständigkeit der Aufsicht ist immer daran gekoppelt, wie hoch der Grad an potenzieller Abhängigkeit in der jeweiligen Einrichtung sein könnte. An sich wirklich eine feine Sache, dass der Staat sich auch über eine geschriebene Vereinbarung hinaus für ihre Einhaltung interessiert. Soweit zum Normalisierungsprinzip. Das war ja mal eine ganze Menge. Aber das definiert (jedenfalls noch aktuell), wie man Normalität messen kann.

Lassen wir mal noch das sogenannte #Case Management mit in den Ring steigen. Hierbei geht es eigentlich darum, dass jemand alles auf dem Schirm haben soll[54]. Aber was denn? Na, so die ganze Hilfe, die ein Mensch erhalten kann, wenn er zum Beispiel eine Behinderung hat. Es ist ja nicht so, dass einfach jemand dauerhaft Geld für irgendwas bezahlt und nicht so ganz klar ist, wofür das Ganze gut sein soll. Nehmen wir mal an, ein Mensch mit einer Behinderung erhält hier und da ein paar Hilfen (Eingliederungshilfe, Pflege, Ergotherapie, Werkstatt). All diese Prozesse sind bestimmt wichtig, aber wenn jeder Therapeut, Heilerziehungspfleger oder Pflegekraft nun ihr eigenes Süppchen kocht, ist das nicht unbedingt förderlich. Wie gesagt, jemand sollte halt auf dem Schirm

54 vgl. Ehlers/Broer (2013): 9

haben, was und zu welchem Zweck es gemacht wird. Das wäre dann der sogenannte Case Manager. Klingt erstmal tierisch wichtig. Und das ist es auch gewissermaßen. Nun ist das nicht nur der Dreh- und Angelpunkt der laufenden Prozesse, sondern auch die Person, die sich von Anfang bis Ende um alles Organisatorische kümmert. Ein Case Manager führt die ersten Gespräche, die stattfinden, bevor überhaupt irgendeine Hilfe gestartet ist. Diese Person organisiert auch zumeist die Hilfen, schaut nach, ob alles läuft und schließt sie auch ab. Es gibt natürlich auch in diesem Bereich wieder ausführliche Tabellen und Herangehensweisen, wie man das Case Management unterteilt. Aber das können dann gern diejenigen Interessierten an anderer Stelle nachforschen. Nun stellt sich die brennende Frage: Wer ist denn nun der Case Manager? Im Krankenhaus gibt es sowas auch. Da schaut man dann an die Tür, wo »Case Management« dran steht, und weiß Bescheid. Aber in der Eingliederungshilfe? Hinter welche Tür soll man da schauen? Da gibt es zum Beispiel die Damen und Herren bei den #Kostenträgern, die die ganze Hilfe finanzieren und überblicken. Könnten die ja schon sein. Dann gibt es noch #gesetzliche Betreuer, die ähnlich wie ein Manager für die behinderten Menschen unterschreiben und in deren Sinne auch entscheiden können. Klingt auch irgendwie nach Case Management. Dann gibt es wiederum in vielen Einrichtungen die sogenannten #Bezugsmitarbeiter. Quasi die Mitarbeiter, die die Prozesse und Hilfen des jeweiligen Menschen und deren Entwicklung im Blick haben sollen und die Berichte schreiben. Die könnten es also auch wieder sein. Was ist mit den #Angehörigen, die ja schließlich auch eine ganze Menge wissen? Wissen, das wahrscheinlich nie ein professioneller Helfer haben wird? Und da liegt dann auch ein Problem. Wahrscheinlich hält sich zumeist jeder für diesen Case Manager. Und vielleicht erwarten es die meisten auch voneinander und warten vergebens darauf, dass der andere mal seinen Bericht oder ähnliches weitergibt, denn man ist ja schließlich der Case Manager. Das Hauptproblem liegt meiner Ansicht daran, dass es nicht ausreichend kommuniziert wird, wer sich worum kümmert und wer was von wem zu erwarten hat. Es muss ja nicht gleich Case Management genannt werden. Aber wichtig ist schon, dass man sich unter allen Helfern einig ist, dass einer die Prozesse in die Wege leitet, sie insgesamt auf dem Schirm behält und auch irgendwann mal schaut, ob alles noch damit in Ordnung ist, was man sich so vorgenommen hat. Aber streng genommen läuft es aktuell ja auch schon. Das Amt ist meistens der erste Ansprechpartner, die gesetzlichen Betreuer haben ggf. schon einige Hilfen auf den Weg gebracht und die Kollegen vor Ort kümmern sich um die zu koordinierenden Feinheiten, die es im Alltag so gibt. Fakt ist aber auch, dass im Laufe der Zeit und mit zunehmender Komplexität von Helfersystemen auch der Überblick schwieriger wird.

Den Satz am Anfang nochmal zusammenfassend erneut benannt: Jemand sollte alles auf dem Schirm haben. Und wenn man jetzt noch »Jemand« mit einem konkreten Namen ersetzt, dann hat man es doch schon.

Das Prinzip #Community Care wäre dabei noch zu benennen. Kurz gesagt: Die Gemeinde kümmert sich um die Menschen mit Behinderung[55]. Also jeder Bürger macht ein bisschen was, um zu helfen. Dies setzt natürlich ein flächendeckendes Maß von echter Solidarität voraus. Und damit könnte man das Thema eigentlich schon abschließen. Ganz im Ernst, solange es darum geht, sich mit seinen eigenen Ideen, Vorlieben, Vorhaben und Möglichkeiten etwas zurückzunehmen und dafür jemand anderen zu unterstützen, solange wird auch nahezu niemand etwas tun. Es gibt sicherlich bestimmte Personengruppen, Wohnprojekte oder dergleichen, die eine solche Art zu leben und zu helfen bereits umsetzen, aber das sind dann leider die Einzelfälle. Aber mal eine utopische Vorstellung, wie es sein könnte: Jeder Mensch kennt sich erstmal aus, welche hilfsbedürftige Menschen es in seiner Umgebung gibt. Das wäre der erste Schritt weg von der nachbarschaftlichen Anonymität. Großstadt, ich schaue zu dir. Als nächstes müsste in irgendeiner Art bekannt sein, wobei man helfen könnte. Entweder man ist

55 vgl. Aselmeier (2008): 66

so interessiert, was die Menschen in seiner Umgebung so treiben und brauchen oder es wird einem von den betreffenden Personen direkt mitgeteilt. Oder meinetwegen gäbe es digitale Möglichkeiten für »Hilfsbedürftige in deiner Region«. Wie eine Art Partnerbörse. Nur halt zum Helfen. Keine Ahnung, ob es sowas gibt. Höchstwahrscheinlich gibt es das schon in Form von irgendeiner App. Ich schaue gleichmal nach. Das würde ich Ihnen auch empfehlen. Und dann sofort loslegen und engagieren. Aber ist es denn wirklich so einfach? Ein (oder wenn nicht sogar das) Hauptproblem ist, dass Menschen vorwiegend an sich denken. Dieses gesellschaftliche Problem umzukehren, das wäre wohl eine große Aufgabe, die man dafür in Angriff nehmen müsste. Könnte man sicherlich in Form eines tollen Projektes im Rahmen der Ausbildung oder des Studiums bearbeiten. Also liebe Projektsuchende: das wäre doch mal was. Geben Sie mir bitte Bescheid, wenn Sie es geschafft haben.

Da wären wir, beim krönenden Abschluss. Jedenfalls vorerst, denn je weiter man schaut und je mehr sich im Laufe der Zeit entwickelt, umso weiter könnte man diesen Faden der Leitideen noch spinnen. Das Konzept #Empowerment wäre noch ziemlich wichtig. Zu Deutsch: Ermächtigung. Es stellt ebenfalls einen grundlegenden Wechsel des Blickwinkels bzw. der Haltung voraus. Häufig ist es so, dass bei einer Behinderung die Probleme bzw. die sogenannten Defizite im Vordergrund einer Persönlichkeit stehen (zu den Auswirkungen komme ich im nächsten Kapitel noch). Beim Empowerment geht es aber darum, die vorhandenen Stärken eines Menschen zu sehen und diese aufzubauen bzw. wiederaufzubauen[56]. Wenn dies klappt, so sollen die Menschen anschließend dazu ermutigt sein oder leichter ermutigt werden, sich auch anderen Baustellen zu widmen. Es geht darum, dass Menschen ihre Selbstständigkeit erlangen bzw. ein möglichst hohes Maß an Selbstständigkeit entwickeln[57]. Noch weiter betrachtet, ist beim Empowerment auch immer eine politische Ebene zu sehen. Am Beispiel der

56 vgl. Lenz (2011): 13; 57

57 vgl. Rappaport (1985): 270f

Menschen mit Behinderung sollten hierbei mehr Möglichkeiten der Mitgestaltung und Einflussnahme möglich gemacht werden. Und das geht vom Großen bis ins Kleine. Also die Fragen in der Wohneinrichtung, wenn es vielleicht darum geht, was für ein neuer Grill für das Haus gekauft werden soll, oder auch auf höheren und somit politischen Ebenen, wenn Menschen mit einer Behinderung sich politisch engagieren und vor allem als gleichwertig wahrgenommen werden. Ja kurzum. Genau darum geht es. Also man soll mehr in die Richtung schauen, was ein Mensch kann. Ressourcen statt Defizite. Natürlich gibt es Dinge, die man nicht übersehen kann und es sofortigen Handlungsbedarf gibt, aber bei anderen Dingen kann man auch mal entspannter machen und seine Ansicht überdenken[58]. Eine schöne Übung ist es in diesem Fall auch mal, die als negativ betrachteten Verhaltensweisen zu versuchen, positiv zu sehen. Sowas kann echt schwierig werden, muss ich aus eigener Erfahrung gestehen. Und es ändert sich nicht einfach von heute auf morgen, sondern bleibt ein dauerhafter Prozess, den man ständig wieder erneut überdenken muss. Aber mal ein Beispiel. Ein Mensch mit Behinderung schreit jeden Abend und das schon seit langer Zeit, sobald er das Brot auf seinem Teller sieht. Nun könnte man sagen: »Das macht der immer. Der will nur auf sich aufmerksam machen.« Die Aussagen sind sicherlich nicht mal absurd. Aber vielleicht hat der Herr auch einfach nur keine Lust auf Stulle. Man könnte auch sagen: »Wow, wie beeindruckend, dass er immer noch so beständig seine Meinung vertreten kann, dass er etwas anderes essen möchte und sich nicht unterkriegen lässt.« Ja, es klingt vielleicht etwas weit hergeholt, aber dennoch durchaus realistisch. Wichtig ist, dass man überlegt, welche positiven Seiten eine Aussage oder eine Handlung haben kann. Zu dieser Art Umdeutung kann man auch #Reframing sagen. Also z. B. die Umformulierung von etwas vermeintlich Schlechtem in was Gutes[59]. Natür-

58 vgl. ebd.: 269

59 siehe dazu auch [http://methodenpool.uni-koeln.de/refraiming/frameset_refraiming.html] (Zugriff am 29.6.2020)

lich muss man den Worten auch entsprechende Handlungen folgen lassen. Also gebt dem armen Mann doch endlich mal einen Döner zum Abendbrot. Oder forscht mal in der #Biographie, was er sonst so gern gegessen hat. Das wäre erstmal Empowerment im Kleinen und quasi auch indirekt zum Wohle der Kollegen vor Ort, wenn es beim Essenstisch abends leichter wird. Nutzt man diese Betrachtung jedoch umfassender im Alltag der Menschen, folgen mit großer Wahrscheinlichkeit auch umfassendere Möglichkeiten. Die Menschen erfahren wahre #Mündigkeit. Sie können also mehr über ihr Leben bestimmen, Individualität wird wahrhaftig erlebt und Entwicklungschancen ermöglicht. Wenn Menschen erleben, dass sie ernst genommen werden, trauen sie sich auch, sich etwas zu trauen. Also, einerseits, dass es OK ist, einen eigenen Willen zu haben, diesen auch zu vertreten und sich auch in Gebieten weiter entwickeln zu wollen, die vorher vielleicht für sie nicht wirklich erstrebenswert waren. Es geht darum, die Menschen in ihren direkten Lebensfeldern ernst zu nehmen. Erst dann ist es möglich, dass sie sich auch selber ernst nehmen. Auch in politischer Weise für Rechte einzustehen, geht auch nur dann, wenn man in irgendeiner Art auch denken kann, dass man überhaupt damit erfolgreich sein könnte. Es geht darum, die Menschen nicht klein zu machen und »nur« zu versorgen, sondern jeden Menschen als Individualität zu sehen, der eigenen Ideen hat, wie sein Leben laufen soll und was er mag oder nicht. Der Satz kam bis hier hin bestimmt schon mal (oder mehrmals) vor, aber es geht genau darum. Also weg von #Hospitalisierung, dem Angleichen der Individualität an ein vorhandenes System und hin zur Entwicklung und Förderung der Eigenständigkeit eines Menschen. Ach ja ... es könnte so schön sein. Das Problem ist halt auch, dass es so viele Fragen gibt. Viele Fragen, auf die man nicht mal mit langem Nachdenken eine Antwort findet. Und selbst, wenn man eine Antwort hätte, dann gibt es wieder Hürden. Seien es die Hürden in Form von Kollegen, die ihren Stiefel fahren und das Alte bewahren wollen. Oder seien es politische Hürden, für die man dann schon höher hinaus gehen müsste, um sie zu ändern. Höchstwahrscheinlich müsste man »einfach«

nur anfangen, die Ideen im Kleinen umzusetzen. Jede kleine Änderung macht einen Unterschied. Und wenn es nur genug Menschen machen, ändert sich schon eine ganze Menge.

Machtmissbrauch und Stigmatisierung

Jetzt kommt ein Thema, das meiner Meinung nach in der beruflichen Praxis viel zu oft vorkommt und die Ursache allen Übels darstellt. Der Machtmissbrauch! Also in Kurzform: Einer hat Macht und übt diese über andere aus. Und warum? Weil er es kann. Klingt jetzt vielleicht irgendwie witzig, ist es aber leider nicht. Wer schon mal erlebt hat, wie sich das zum Beispiel im Kontext der Arbeit anfühlt, wenn Cheffe mal wieder einen schlechten Tag hat und einem das spüren lässt, darum geht es. Auch wenn es vielleicht ab und an auch Gründe haben kann, darum geht es gar nicht. Wenn jemand wirklich ohne Grund einfach nur jemanden klein hält, über jemanden bestimmt oder seine eigene Meinung mit aller Kraft jemanden überstülpt, dann hat man vielleicht eine Ahnung, wie sich das anfühlen kann. Von der Arbeit geht man irgendwann nach Hause, »Freunde«, die einen so behandeln, kann man die Freundschaft kündigen, Leuten auf der Straße, die einen einfach nur anpöbeln, kann man aus dem Weg gehen. Aber wenn man die Leute um sich hat, die sowas tun, weil man in dem Haus wohnt, in dem sie arbeiten und weil man vielleicht geistig nicht dazu in der Lage ist, ihnen etwas entgegen zu setzen, das muss dann doch ziemlich hart sein. Zum Glück geht es mir nicht so, deswegen kann ich auch nicht sagen, wie sich sowas anfühlt. Aber ich denke mal, es gibt bessere Gefühle, die man sich wünschen kann. In diesem Sinne schon mal meinen extremen Respekt an all die Menschen, ob nun im Kontext einer offiziellen Hilfe oder in einer kranken Beziehung. Sowas auszuhalten, muss echt extrem heftig sein. Und dabei noch lachen zu können ... keine Ahnung wie sowas möglich ist. Aber mal der Reihe nach.

Wir sind wieder im Kontext der Eingliederungshilfe. Ob nun in gemeinschaftlicher oder in ambulanter Form. Das Grundproblem ist ja, dass den Mitarbeitenden generell schon eine Macht zugesprochen wird. Die sogenannte #Autoritätsmacht. Also, die Macht, die ihnen auf Grund ihrer helfenden Rolle zugeschrieben wird[60]. Sie sind die Helfer, also müssen sie ja sicherlich irgendeine Art Ausbildung oder sowas gemacht haben. Die werden schon einen Plan davon haben, was sie da tun. Wenn ich zum Friseur gehe, erwarte ich ja auch, dass die das draufhaben und ich am Ende nicht zum Versuchskaninchen werde. Beim Fleischer würde ich mich ja auch wundern, wenn auf dem Mettbrötchen noch Marmelade geschmiert wäre. Ich glaube, der Vergleich macht es deutlich. Und ebenso würde ich im Rahmen einer Eingliederungshilfe erwarten, dass die Fachkräfte das schon machen werden. Ihnen wird also eine Macht zugeschrieben, weil sie da arbeiten. Sollen sich ruhig die Vorgesetzten drum kümmern, dass alles läuft, wie es laufen muss. Ich will nur ordentlich bedient werden. Nun kommt man natürlich zu dem Problem, dass, wenn ich jemanden Macht zuspreche (von wegen, der wird das schon richtig machen), dann

60 Utz (2011): 56

ist das auch eine gewisse Art von Vertrauen, die man damit gleichzeitig mitgibt. Natürlich gibt es auch immer die Menschen, die generell und mit allem kritisch umgehen und gefühlt alles und jeden in Frage stellen. Aber um solche Menschen geht es hier nicht. Hier geht es erstmal um die Vielzahl der Menschen, und die ticken nun mal so. Das Ausüben von Macht ist nun also der Nebeneffekt, der damit einher geht. Nun können die sogenannten Fachkräfte Macht ausüben, weil es gut für jemanden wäre. Macht kann ja für manche Dinge auch ganz passabel und sinnvoll sein. Die Frage ist ja immer, was man daraus macht (oh, schönes Wortspiel). Erinnere ich jemanden daran, zum Bus zu gehen, weil er nicht in der Lage ist, die Uhr zu lesen, oder fange ich an, mit jemanden zu diskutieren, der meine Worte nicht versteht? Die Frage ist immer, was ich mit den Möglichkeiten anfange, die mir gegeben sind. Im Disney Film Hercules hätte der Held auch mit seinen enormen Kräften eine ganze Menge Mist anstellen können, anstatt zu helfen. Hat er aber nicht. Er kämpfte gegen Monster und beschützte die Menschen. Gut, er hat sich später auch auf seinen Lorbeeren ausgeruht, anstatt wirklich ein »wahrer Held« zu sein. An der Stelle wird auch deutlich, dass man trotz guter Vorsätze etwas falsch machen kann. Klar ist, dass man in der Rolle als Mitarbeiter in der Eingliederungshilfe Macht hat. Wie man diese nutzt, das ist immer die jeweils nächste Frage. Aber mal abgesehen von den ethischen Fragen, die sich dabei auftun, wo ist eigentlich das Problem? Der soziale Bereich wäre sicherlich nicht der erste Bereich, in dem ethisch fragwürdige Dinge wie Machtmissbrauch geschehen[61]. Denn die Ausübung von Macht kann zu Abhängigkeit führen. Und das im mehrfachen Sinne. Einerseits können die Menschen, die die Auswirkungen von Macht erfahren, Abhängigkeit entwickeln und werden sozusagen zur Hilflosigkeit erzogen[62]. Andererseits können auch die Mächtigen abhängig davon werden. Kurz um: Machtausübung kann auch Spaß machen. Endlich hört mal jemand auf

61 vgl. Kuhlmann (2011): 16

62 vgl. v. Kardorff (2010): 297

mich. Naja, er muss ja auf mich hören, ich bin ja hier die Fachkraft. Ganz klar. Macht kann schon etwas ziemlich Tolles und gleichzeitig Gefährliches sein. Und dafür muss man sich nicht mal großartig anstrengen.

Aber gut, nun zur anderen Seite. Macht, die die Menschen abhängig macht, über die die Macht ausgeübt wird. Ja, das kann gehen. Und sogar ziemlich schnell. Ein Mensch zieht in eine Wohneinrichtung, erfährt dort von den Menschen, denen es eher beliebt, das eigene System am Laufen zu halten, statt auf die Individualität zu schauen. Wenn jemand in eine solche Einrichtung zieht, dann zumeist aus bestimmten Gründen. Ein genereller Grund wäre dann zumeist, die Unfähigkeit, allein leben zu können. Es gibt hier und da Probleme, die dafür die Ursache darstellen. Und da kommt's. Eben diese Probleme (zumeist eine geistige Behinderung) erschweren es, sich gegenüber Machtausübung aufzustellen, wenn man geistig einfach mal nicht dazu in der Lage ist. Definitiv stellt es eine üble Mischung dar. Was am Ende steht: Macht wird durch eine Position gegeben. Wie man diese Macht einsetzt, das liegt an jedem Einzelnen. Das Ganze zieht sich aber noch viel weiter. Abgesehen davon, dass Menschen mit einer Behinderung in der Gesellschaft für gewöhnlich einen schlechten Ruf haben. Um nicht zu sagen, ihr Ruf ist oft beschissen und besetzt von Vorurteilen. Und es liegt viel zu oft daran, dass all diejenigen keine Ahnung haben, dass auch behinderte Menschen in erster Hinsicht Menschen sind. Die Einzigen, die daran etwas ändern könnten, wären wahrscheinlich die, die mit Menschen mit Behinderung regelmäßig Kontakt haben. Neben den Angehörigen sind das zumeist die Menschen, die dort arbeiten, wo behinderte Menschen leben, oder die halt sonst in irgendeiner Art beruflich mit ihnen zu tun haben. Aber ob das passiert? Ob das reicht?

Anscheinend nicht. Denn die #gesellschaftliche Wahrnehmungsverzerrung in Bezug auf Menschen mit Behinderung ist nach wie vor präsent. Man spricht im regulären Sprachgebrauch nicht von Menschen mit einer Behinderung. Kloppies, Insassen, Patienten usw., das sind die Bezeichnungen, die man so hört. Es macht den gesellschaftlichen Stellenwert schon sehr deutlich. Er ist trotz BTHG usw. nach wie vor sehr weit unten. Und da sind wir schon beim nächsten Thema.

Es geht um #Stigmatisierung. Viele können sich unter dem Wort sicherlich etwas vorstellen. Machen wir es doch so, dass jeder mal am Ende dieses Abschnittes eine eigene Definition aufstellt. Vorheriges Googlen ist verboten. Aber wie entsteht denn sowas überhaupt? Ein Stigma kommt dadurch zustande, dass jemand etwas nicht schafft und deshalb verurteilt wird. Und das, was man nicht schafft, sind die Rahmenbedingungen, die eine Gesellschaft aufstellt[63]. Dabei kommt es immer auf die jeweilige Gesellschaft an. So wie ich mich in der einen Gesellschaft verhalte und dies anerkannt wird, kann es in einer ganz anderen Gesellschaft schon wieder ganz anders wahrgenommen werden. Dafür muss man nicht mal eine Weltreise machen, um durch unterschiedliche Gesellschaften auch einen Unterschied zu erfahren. Es reicht schon, wenn man sich im Nadelstreifenanzug mal vor den örtlichen Aldi setzt und ein Dosenbier trinkt. Von den Leuten, die man dort sonst so sieht, wird man sicherlich kritisch beäugt. Mit einer zerrissenen Jogginghose und dem vergilbten Unterhemd im Meeting zu sitzen, fällt sicherlich auch etwas seltsam auf. Und da sind wir schon mittendrin. Eine dieser gesellschaftlichen Rahmenbedingungen besteht aus der Art und Weise, sich zu kleiden. Aber das ist nur eine von vielen. Bei den gesellschaftlichen Rahmenbedingungen wären wir auch wieder bei dem Begriff und der Auffassung von #Normalität. Und das ist so unklar, wie es doch auch wieder klar ist. Es geht also um Rahmenbedingungen, die man einhalten soll, um dazu zu gehören. Und diese Rahmenbedingungen können offiziell oder inoffiziell sein. Das heißt, dass es welche gibt, die ausgesprochen oder als Gesetz hinterlegt sind. Welche, die jedenfalls in irgendeiner Art ganz konkret niedergeschrieben sind. Dann gibt es aber noch die fiesen inoffiziellen Rahmenbedingungen. Die

63 vgl. Quack/Schmidt (2013): 14f

sind nicht beschrieben, hinterlegt oder sonst was. Aber sie gelten mindestens so stark wie die offiziellen Regelungen. Mal etwas konkreter. Offizielle Reglungen wären geschriebene Gesetze, verschriftlichte Verabredungen (z. B. Absprachen einer Team-Beratung) oder auch der Dresscode eines Restaurants, auf den verwiesen wird. Die inoffiziellen Regelungen können da schon schwieriger zu greifen sein. Hmm ... jetzt überlege ich schon fünf Minuten und mir fällt nichts ein. Und das ist unter anderem ein Problem an der Sache. Es gibt Anforderungen, die an viele Menschen gestellt werden, jedoch bleiben sie unausgesprochen. Deshalb sind sie zumeist so schwierig zu greifen. Am besten man bezieht es mal auf ein klischeehaftes Beispiel. Eine Freizeitfußballmannschaft, die jeden Mittwochabend trainiert. Offizielle Regeln sind vielleicht, dass sich die Truppe um 17:30 Uhr zum Training trifft. Kommt man da zu spät, verstößt man gegen eine offizielle Regel. Mal angenommen, die Truppe trifft sich nach dem Training immer noch auf ein Bier. Wenn man da nicht dabei ist, oder noch schlimmer, man geht eigentlich immer hin und dann auf einmal nicht mehr, genau dann verstößt man gegen eine inoffizielle Regel. Wie gesagt, diese inoffiziellen Regeln haben es schon in sich. Sie sind oft schnell mit gesellschaftlicher Ausgrenzung verbunden. Oder man wird in einer anderen Art seltsam beäugt. Definitiv wird man ein Gesprächsthema sein. Es sind Erwartungen, die man nicht einhält. Ob diese wichtig sind, das steht auf einem ganz anderen Blatt. Wenn man gegen offizielle Regeln verstößt, kann das sicherlich auch schwierig werden. Wenn man es allerdings auf das genannte Beispiel bezieht, dann ist man halt zu spät und bekommt vielleicht den Ruf des Typen, den man eigentlich immer eine halbe Stunde früher einladen sollte, damit er dann pünktlich da ist. Das war jetzt vielleicht etwas künstlich, was die Verbindung von der Entwicklung eines Stigmas zur Eingliederungshilfe angeht. Aber es soll ja auch nur beispielhaft beschrieben sein. Nun wird es konkreter. Natürlich gab und gibt es schlaue Köpfe, die sich damit auch wissenschaftlich beschäftigt haben, wonach man die Entstehung eines Stigmas festmacht. Zum einen können negative Charakterzüge eines Menschen dafür ausschlaggebend sein[64]. Jemand hat irgendeine Art, die Menschen nicht passt, und bekommt dafür den Stempel aufgedrückt.

Arroganz, Geiz, Selbstsucht ... halt mindestens die sieben Todsünden und vieles darüber hinaus. Das soll jetzt auch gar nicht schöngeredet werden. Bestimmte Charaktereigenschaften können einfach mal extrem nervig sein. Ob ein Mensch nun behindert ist und diese Eigenschaften hat oder auch nicht. Da sind wir halt alle Menschen. Und manche davon halt auch ziemlich nervige Menschen. Nun ist natürlich nicht jeder Mensch gleich über seine gesamte Persönlichkeit hinweg beispielsweise arrogant. Manchmal ist es so, dass eine Situation gesellschaftlich bewertet wird und dann die gesamte Persönlichkeit überschattet[65]. Das kann man auch den #Halo-Effekt nennen. Konkreter könnte das zum Beispiel so aussehen: Ein Chef lernt einen neuen Kollegen kennen und reicht ihm die Hand, um ihn herzlich willkommen zu heißen. Dabei fällt auf, dass die Hand recht verschwitzt ist. Nun könnte das bei einem so ankommen, dass man dies mit Ungepflegtheit bewertet. Die Antennen eines Menschen werden dann noch sensibler und man achtet auf jedes Detail, um seine Meinung bestätigt zu bekommen. Oh, schon wieder ein ganz schön großer Schweißfleck unter dem Arm. Oh, der Pulli hat aber viele Fussel. Oh, der Schnürsenkel ist aber ganz schön weit gebunden. Die Details werden überbewertet. Der Neue ist jetzt der Ungepflegte (um mit der Benennung mal noch freundlich zu sein). Bei der nächsten internen Stellenausschreibung wird der natürlich nicht genommen. Was soll man denn auch mit jemandem, der nach außen hin in solcher Art das Haus vertreten soll?! Und zack hat der Halo-Effekt zugeschlagen. Aufgrund der vermeintlichen »Tatsache«, der schwitzenden Hände, hat man den Menschen insgesamt beurteilt, um nicht sogar zu sagen, man hat ihn verurteilt. Das wirkt sich dann mit Sicherheit auf seinen weiteren Werdegang in der Firma aus. Und das vielleicht

64 vgl. Goffman (1975): 12f

65 vgl. ebd.: 13

auch nur, weil er am ersten Arbeitstag einfach nur etwas aufgeregt war und deshalb verschwitzte Hände hatte.

Das Ganze geht natürlich auch andersherum und nicht nur ins Negative. Genauso können Eigenschaften, die positiv gewertet werden, eine Persönlichkeit dahingehend überschatten. Ein Mensch hat zum Beispiel einem anderen Kollegen eine Idee geklaut, diese beim Chef eingereicht und dafür die Lorbeeren geerntet. Dafür wird er dann als besonders fleißig geehrt und bei der nächsten Beförderung bevorzugt oder in seinen Fähigkeiten maßlos überschätzt. Und das nur, weil er sich der Idee eines anderen bedient hat.

Ein weiterer Punkt, über den ein Stigma entstehen kann, bezieht sich auf die körperlichen Merkmale eines Menschen[66]. Es geht schlichtweg darum, ob man noch links und rechts einen Arm hat oder nicht. Alles, was so an den Körper dran gehören soll, ist dran und dann ist schön. Sobald jemandem vielleicht ein Bein fehlt, lautet das Stigma gern »Krüppel« oder ähnliches. Egal, wie es zu Stande kam, egal, warum es so ist, ob man nun dafür was kann oder nicht ... Bein ab, Stigma dran. Kein guter Tausch. Dabei geht das auch mal wieder vom Groben ins Kleine. Ein fehlendes Bein ist dabei schon noch ein ziemlich greifbarer Grund, dass etwas als anders beurteilt wird. Jedoch kann je nach individueller Sicht von Schönheit die banalste Kleinigkeit in den entsprechenden Kreisen auch schon zu einem Stigma führen. In einer Gesellschaft, in der das Aussehen eines Menschen hoch bewertet wird, Makellosigkeit ein Ideal darstellt und die Medien genau diese Betrachtungsweise anfeuern, genau in so einer Gesellschaft kann es schon fatal sein, wenn die Wangenknochen nicht exakt aufeinander abgestimmt sind oder die Maße einer Frau nicht im jeweiligen Trend liegen. Tolle Gesellschaft, die sich über sowas den Kopf und die jeweiligen Menschen zerbricht. Das führt zu einem weiteren Punkt, nämlich der Verbindung von Stigma und #Sprache. Es zeigt sich sehr schnell über bestimmte Worte, was man von einem Men-

66 vgl. ebd.: 12f

schen und seinen scheinbaren Makeln hält. Die Beinlosen sind »die Krüppel«, die, deren Wangenknochen einen Nanometer zu weit links sind, sind »die Hässlichen«, und das geht dann munter so weiter. Ob es nun der Realität entspricht oder nicht. Aber generell kann man davon ausgehen, dass die diversen Bezeichnungen nichts mit der eigentlichen Realität zu tun haben. Hinzu kommt, in welcher Gesellschaft oder gesellschaftlichen Epoche man sich aktuell befindet. So wird man zwar heute nicht mehr auf dem Scheiterhaufen landen, wenn man rote Haare hat, aber die Gesellschaft lässt einen ggf. auf andere Art brennen. Damals war ein blasser und beleibter Körper ein Zeichen von Wohlstand. Heute wohl eher ein Zeichen, dass man gern im Keller und da am PC sitzt. So unterschiedlich kann ein Stigma auch durch die Zeit wandern und sich verändern.

Der letzte Punkt, wonach sich ein Stigma entwickeln kann, ist durch Faktoren wie Religion oder Nation (man sagt auch #phylogenetisch) begründet[67]. Ein Mensch bekommt bestimmte Zuschreibungen, weil er vielleicht ein Christ oder Hindu ist oder aus Afrika kommt. Das eigene Kopfkino spielt einem da schon gern den Streich, dass man selber an bestimmte Verhaltensweisen denkt, wenn man z. B. hört, dass jemand ein Christ ist. Benennen wir es mal anstatt mit »Verhaltensweisen« lieber mit Stigma. Denn so wird Christ auch damit beschrieben, dass er ein besonders guter Mensch ist. Oder jemand, der aus Afrika stammt, wird gern als arm bezeichnet. Alles Zuschreibungen, die in keinerlei Art und Weise der Realität entsprechen müssen. Auch Christen können emotionale Pfeifen sein, und auch Menschen aus Afrika können stinkreich sein. Fakt ist, dass natürlich irgendwie mal diese Zuschreibungen entstanden sind, aber deshalb nicht unbedingt der Wahrheit entsprechen müssen und vor allem nicht mehr heutzutage. Zumal es absurd wäre, Menschen einer bestimmten Religion oder Nation über einen Kamm zu scheren. Jeder Mensch ist unterschiedlich. So viel sollte klar sein. Wer das nicht so sieht, sollte

67 ebd.

bitte sofort in den Keller gehen und sich für möglichst lange Zeit von der Gesellschaft fernhalten.

Es zeichnet sich ab, dass ein Stigma dazu führt, dass die Vielfalt einer Person in den Hintergrund gerät oder sogar ganz verschwindet, weil der Blick auf die Probleme gerichtet wird[68]. Jedenfalls verschwinden sie in der Wahrnehmung der Menschen, die das Stigma bedienen. Allein weil man anders aussieht, sich anders verhält, von woanders herkommt oder an etwas anderes glaubt. Es geht immer darum, dass etwas anders ist. Anders, als es jemandem lieb ist. Anders macht Angst. Um sich etwas Anderem gegenüber zu öffnen oder etwas Neues auszuprobieren, braucht es oft Mut. Und da das Anstrengung bedeuten kann, fällt es für viele Menschen einfach aus. Faulheit und Angst führt zu Stigmatisierung. Aus meiner Sicht eine einfache Rechnung.

In der Stigmatheorie wird weiterhin unterschieden, dass es zwei Formen von Menschen gibt, die in irgendeiner Weise von einem Stigma bedroht sind. Einerseits die, denen man etwas ansieht, wonach sich ein Stigma entwickeln lässt. Also an sich alles Äußerliche. Im Fachjargon auch die #Diskreditierten genannt[69]. Dann gibt es noch die, denen man zwar nichts ansieht, woraufhin sich ein Stigma bilden könnte. Allerdings würde im Verlauf eines Gespräches deutlich werden, dass sie in irgendeiner Weise anders sind. Bei den sogenannten #Diskreditierbaren fällt erst später auf, dass irgendwas nicht der Norm entspricht[70]. Die Auswirkungen sind bei beiden leider dieselben. Nun soll es nicht bedeuten, dass man nun fein raus ist, weil man das eben Gelesene zum neuen Lebensinhalt macht. So einfach ist es leider nicht. Denn es passiert auch Fachleuten, dass sie ein Stigma auf andere Menschen übertragen[71]. In der täglichen Arbeit kommt es oft vor, dass man einem Menschen mit einer Behinderung im Laufe der Zeit, mal frü-

68 vgl. Quack/Schmidt (2013): 14

69 vgl. Goffman (1975): 56

70 vgl. ebd.: 56f

71 vgl. McKnight (1979): 46; vgl. Amering o.J.: 37

her, mal später, ein Stigma auferlegt. Und wie eingangs bereits beschrieben, ist es eine Form von Machtmissbrauch, wenn sich ein Stigma in solcher Art und Weise ausprägt, dass man auf einmal für einen Menschen entscheidet, obwohl er es selbst könnte.

Der Gipfel stellt dabei die #Entmündigung dar. Also die Art, dauerhaft einem Menschen die Fähigkeit abzusprechen, dass er selbst für sich entscheiden kann. Und wie gesagt, geht das unabhängig davon, ob ein Experte nur als solcher gesehen wird, weil er in einer solchen Einrichtung der Eingliederungshilfe arbeitet oder ob er zehn Ausbildungen zum Thema gemacht hat. Der »unwissende Experte« entmündigt, weil er es nicht besser weiß. Der »allwissende Experte« entmündigt, weil er denkt, alles besser zu wissen und dass seine Entscheidung gut für jemanden sei. Dabei zählt, wie so oft, der goldene Mittelweg. An dieser Stelle wird deutlich, wie wichtig es ist, über sein Handeln nachzudenken. Kann man begründen, warum man etwas so und so gemacht hat? Oder kann man auch sagen, warum es vielleicht gut war, einfach mal nicht zu handeln? Nur leider geht es nicht so einfach, dass man die eigenen Fehler einfach so durch Nachdenken und sich nett Entschuldigen wieder gut macht. Oftmals ist es so, dass die durch das Stigma bedingten Verhaltensweisen schon dermaßen bei den Menschen angekommen sind und eine Wirkung erzeugt haben, dass es einfach nahezu unmöglich ist, sie wieder aus dem Weg zu räumen (dazu sagt man auch #internalisiert)[72]. Denn ein Stigma erzeugt nicht nur eine gewisse Realität in den Köpfen einer Gesellschaft, sondern auch eine Realität in den Köpfen der betroffenen Menschen. Das bedeutet, dass die Gesellschaft sieht: ja klar, der ist ja behindert, der kann sowas nicht. Und der jeweilige Mensch denkt unter Umständen dasselbe von sich. Wenn sich die Wirkung eines Stigmas erstmal in einer solchen Weise zugespitzt hat, ist es ebenfalls extrem schwierig, wieder davon los zu kommen. Sei es, die Gesellschaft in ihrer Wahrnehmung ändern zu wollen oder auch die verzerrte Selbstwahrnehmung eines stigmatisierten Menschen.

72 vgl. Sibitz et al. (2013): 83

Aber wie gehen Menschen mit einem Stigma um? Sie lassen es für gewöhnlich ja nicht einfach über sich ergehen und warten ab. Jedenfalls die meisten nicht. Schlaue Köpfe haben hierbei vier Faktoren herausgefunden, wie Menschen mit ihrem Stigma umgehen. Die erste Reaktion auf ein Stigma wäre das #Korrigieren[73]. Dabei versucht der jeweilige Mensch, das Stigma zu beheben. Plastische Chirurgie ist da eine verbreitete Variante. Sich die Brüste vergrößern lassen, Botox hier, Botox da oder die schiefe Nase begradigen. Der betroffene Mensch erkennt den Ursprung seines Leidens und denkt sich womöglich, dass es einfach nur beseitigt werden muss. An sich auch eine logische Schlussfolgerung. Jedoch nicht für den Stigma-Kreislauf. Denn das eine Stigma kann ins nächste übergehen[74]. Wer zuvor als »Flachbrust« bezeichnet wurde und nun mit doppel-D Körbchengröße ausgestattet ist, kann ebenso Gefahr laufen, nun als »die operierte Barbie« zu gelten. Da wird der Stempel sozusagen einfach nur ausgetauscht und durch einen nicht weniger schlimmen ersetzt. So wirklich behoben ist damit dann leider doch nichts. Eine weitere Variante wäre die des #Kompensierens[75]. Ein Mensch versucht dabei, durch unerwartete Fähigkeiten von seinem Stigma los zu kommen. Ein oft genanntes Beispiel in diesem Zusammenhang wären die Paralympics. Also sportliche Wettkämpfe auf internationaler Basis für Menschen mit einer Behinderung. »Ach Mensch, das ist ja unglaublich«, hört und denkt man in diesem Zusammenhang vielleicht ziemlich oft. Und mal generell betrachtet, ist es schon enorm, was Leistungssportler so bringen (ob nun behindert oder nicht). Das Stigma wird dabei zwar nicht verheimlicht, aber es wird gezeigt, dass man dennoch andere Möglichkeiten hat, die sicherlich extrem anstrengend sind. Ziel ist es, dass das Stigma in den Hintergrund gerät und andere Leistungen oder Fähigkeiten präsenter werden. Das #Vermeiden[76]

73 vgl. Goffman (1975): 18

74 vgl. Quack/Schmidt (2013): 16

75 ebd.

76 vgl. Goffman (1975): 22

ist eine weitere Option. Das Stigma wird umgangen. Man wird wohl aus der Schulzeit wenige bis keine Mitschüler kennen, die zwar gestottert haben, sich aber für jeden mündlichen Vortrag freiwillig melden. Diese Variante benötigt sicherlich ebenso viel Anstrengung wie die, ungeahnte Fähigkeiten im Bereich Sport zu entwickeln, wie vorab beschrieben wurde. Man geht dem Stigma aus dem Weg und das mit allen Möglichkeiten, die sich einem bieten. Es werden diverse Verhaltensvarianten genutzt, bloß um nicht aufzufallen und unter Umständen sein Stigma offenbaren zu müssen. Das Leben und nahezu sämtliche Entscheidungen werden zum Wohl der Vermeidung aufgebaut. Das stelle ich mir wirklich sauanstrengend vor. Die letzte Möglichkeit im Umgang mit einem Stigma ist eine eher #offensive Methode[77]. Das Stigma wird weder verheimlicht noch kompensiert. Es wird sozusagen als »Markenzeichen« genutzt. »Mir fehlt ein Bein, ich zeige es der ganzen Welt.« Der »offene Umgang« wäre nahezu noch die mildeste Art, das auszudrücken, was diese Form bedeutet. Beschreiben wir es mal nett und bleiben bei »offensiv«. Denn es fällt schwer, diese Form hierbei nicht zu bewerten. Ein in diesem Zusammenhang häufig genutztes Beispiel ist das der körperlich behinderten Fotomodels. Diese rücken ihren »Makel« nicht in den Hintergrund, sondern zeigen ihn und das ganz deutlich. Aber ebenso gibt es auch Menschen, die im Gefängnis saßen, eine seelische Behinderung haben oder alkoholabhängig sind und damit oft auch so umgehen, dass sie es jedem ungefragt unter die Nase reiben müssen. Man hat gar keine Chance, jemanden zu verurteilen, wenn er es schon selber macht. Diese Form im Umgang mit einem Stigma ist wohl für die meisten die sonderbarste Form. Sie kann auf andere befremdlich wirken und einschüchtern, aber auch als Zeichen einer besonderen Stärke gewertet werden. Aber wie auch alle anderen Formen ist diese wahrscheinlich schwer nachvollziehbar, wenn man es nicht am eigenen Leib erfahren hat, mit einem Stigma umgehen zu müssen.

77 vgl. ebd.: 28

Wahrscheinlich sind beim Lesen der unterschiedlichen Formen der Stigmabewältigung auch unterschiedliche Gefühle in einem hoch gekommen. »Wie kann man denn sowas nur machen? Das würde ich ja nicht tun. Das kann ich gut nachvollziehen.« Es liegt an jedem einzelnen, der das mit gut oder schlecht bewerten will. Darum geht es im Allgemeinen auch gar nicht. Es sind halt Variationen, wie Menschen mit den Folgen eines Stigmas umgehen, was häufig mit viel Schmerz verbunden ist. Und es ist durchaus nachvollziehbar, dass man daran etwas ändern will. Immer bedenken: die Bewertung eines Menschen und die Entwicklung zum Stigma liegen nah beieinander. Deswegen sollte immer klar sein, dass so eine Art auch für etwas gut sein kann. Es stellt einen Versuch dar, seinem Schmerz etwas entgegen zu setzen. Auch wenn es gesellschaftlich befremdlich oder irritierend wirken kann. Man sollte sich nur überlegen, ob es für die betroffenen Menschen nicht sogar das geringere Übel darstellt als die eigentlichen Auswirkungen eines Stigmas?

Und jetzt noch abschließend: Wie würde jeder für sich das Wort Stigma definieren? Was kann es für einen Menschen bedeuten, ein Stigma zu tragen? Und vor allem, welche Last kann es für einen Menschen darstellen? Insbesondere die Bewältigungsformen wirken sicherlich häufig sehr seltsam oder fragwürdig auf die anderen Menschen. Wenngleich sie auch immer für irgendwas gut sind. So könnte es für die helfenden Menschen auch wichtig sein, um diesen Sachverhalt zu wissen. Ein Mensch, der ständig seine Behinderung scheinbar in den Vordergrund drängt, könnte auch der sein, der gerade in offensiver Weise versucht, mit einem anderen Problem umzugehen. Nun sollte man sicherlich nicht gleich die fachliche Keule schwingen und erklären, was das ist. Damit ist selten jemandem geholfen. Aber eine Person wahrnehmen zu können, mit ihren Bedürfnissen, die hinter solchen Äußerungen stehen, das wäre dann schon eine wahre Kunst und wahrscheinlich auch hilfreicher.

Sich selbst bewusst sein

Komische Überschrift. Das Wort Selbstbewusstsein hätte es nun doch auch sagen können, worauf ich hinaus will ... Doch Selbstbewusstsein wird häufig missverstanden in diesem Zusammenhang und wird als etwas anderes betrachtet. Vorwiegend wird es als die eigene Standhaftigkeit gegenüber anderen Menschen gedeutet. Ist zwar auch wichtig, aber hier geht es mehr um die Standhaftigkeit gegenüber sich selbst. Ja, die wirkt sich auch auf andere Menschen aus, aber erstmal fängt man bei sich an. Es geht lediglich darum, ein Bewusstsein für das eigene Handeln zu entwickeln. Und da kann man im Umkehrschluss schon sagen, dass es weniger gut wäre, wenn man seine Handlungen im Unbewussten liegen lässt. Also quasi nicht drüber nachdenkt, was man hier und da gemacht hat. Es gleicht sich natürlich mit dem bereits beschriebenen Thema der Selbstreflexion, aber es soll hier nun etwas konkreter werden. Varianten, mit denen man bestenfalls auch etwas anfangen könnte. Zu Beginn ist der Grund des Helfens zu benennen. Helfen, um des Helfens Willen, nur um sich eigentlich besser zu fühlen oder die eigenen Erziehungsfehler wieder zu kompensieren[78], das wäre nicht die förderliche Variante. Auch wenn es eine häufige Aussage der sozial tätigen Menschen ist, helfen zu wollen. Häufig sind die Hintergründe auch diese, dass man selber durch das Helfen versucht, irgendwas wieder gut zu machen, was einem selbst widerfahren ist. Man spricht in diesem Zusammenhang häufig vom sogenannten #Helfersyndrom. Also schon fast eine Art, zwanghaft helfen zu müssen. Und da, wo etwas zwanghaft wird, läuft irgendwas nicht gut. Es ist demnach mal wieder gesund, sich im Vorfeld klar zu sein, warum man einen helfenden Beruf gewählt hat und ob das auch wirklich gut für einen selbst ist. Denn Menschen ist für gewöhnlich nur dann wirklich und langfristig geholfen, wenn das Helfen für sie gut sein soll und nicht für den Helfer. Es ist deshalb extrem wichtig, immer auf sich aufzupassen. Warum tue ich irgendwas, und hat es vielleicht auch damit etwas zu tun, dass ich mir selbst dabei helfe?

Das geht schon ziemlich in die Psyche eines Menschen, wenn herausgefunden werden soll, warum man einen helfenden Beruf gewählt hat. Und mal kurz drüber nachdenken und dann voller Erkenntnis zu sein ist nicht. Es ist ein Prozess, dem man sich auch häufiger stellen sollte, um auch Profi zu bleiben[79]. Dabei kann es hilfreich sein, wenn man sich dabei auch Profis an die Seite nimmt. Nun muss man nicht nach der Arbeit noch zu irgendwelchen Gruppensitzungen gehen. Normalerweise hat man in helfenden Berufen für gewöhnlich die Möglichkeit, an einer sogenannten #Supervision teilzunehmen. Das ist dann eine Runde, an der für gewöhnlich das ganze Team der Arbeit teilnimmt, Probleme bespricht und dabei das Ziel hat, die Arbeit besser zu ma-

78 vgl. Schmidbauer (2006): 25f

79 vgl. Dommermuth (2004): 106

chen[80]. Dabei gibt es dann noch Fachleute (sogenannte Supervisoren), die das Treffen begleiten. Es sollten schon externe Leute sein, denen es leichter fällt, auf eine problematische Situation drauf zu schauen[81]. Diese können für gewöhnlich sehr gute Fragen stellen und fachlichen Input geben. Natürlich muss man sich nicht immer für eine Supervision treffen, nur weil gerade ein akutes Problem anliegt. Supervisionen kann man auch in Anspruch nehmen, bevor es überhaupt zum Problem kommt. Bestenfalls hat man sowas regelmäßig, da sich manche Dinge auch nicht abschließend in nur zwei Stunden besprechen lassen. Es kann in solch einer Besprechung (je nach Thema) auch vorkommen, dass man zwar mit einem Thema und einer bestimmten Frage beginnt, am Ende aber zu einem ganz anderen Ergebnis gelangt. Dabei geht es dann häufig darum, dass man ungeahnte Ergebnisse erlangt, die einem im beruflichen Alltag auch sehr gut helfen können. Fakt ist jedoch, dass alle Teilnehmenden an einer Supervision aktiv sein sollten und das mit Ehrlichkeit, Offenheit und natürlich auch etwas Mut[82]. Wenn man nichts sagt, dann wird sich auch nichts ändern. Jedenfalls kann eine Supervision eine super Sache sein, in der man auch mal sich selbst in Frage stellen muss. Aber auch wenn es unter Umständen schwierig sein kann, stärkt es für gewöhnlich im Nachgang und ist nachhaltiger als so manches Gespräch, was man nebenbei im Flur führt.

Nun hat man aber nicht tagtäglich eine Supervision oder auch die Zeit dafür. Nur reden und nichts machen? Das kommt am Ende oftmals nicht so gut an. Häufig ist man in der täglichen Arbeit darauf begrenzt, was man selber weiß. Man muss Entscheidungen treffen. Und manchmal sind es wirklich kleine Entscheidungen. Wenn diese jedoch im Zusammenhang mit einem anderen Menschen stehen, dann können sie für denjenigen schon sehr gravierend sein. Worum es eigentlich gehen sollte, ist helfen, das

80 vgl. Loebbert (2016): 8; Pühl (2009): 8

81 vgl. Pühl (2009): 16f

82 vgl. Loebbert (2016): 19

fachlich begründet ist. Also die Frage nach dem fachlichen Hintergrund und der entsprechenden Haltung und der jeweiligen Handlung, die daraufhin folgt. Man muss natürlich darum wissen, was es für Varianten gibt. Deshalb kommt dieser Abschnitt in seiner Eindringlichkeit nun auch nochmal, nachdem bereits einige Herangehensweisen und Betrachtungsweisen beschrieben wurden. Es ist besonders wichtig, dass man bei seinen Handlungen in der täglichen Arbeit stets zwischen Fachlichkeit und Alltagswissen unterscheidet[83]. Also zwischen dem, was man gelernt hat, und dem, was auch jeder andere machen würde. Es ist der Unterschied, dass man bei der einen Sache nachdenken muss und bei der anderen halt nicht. Als Bäcker weiß man, dass ich die und die Sorte Mehl für einen Hefezopf verwenden sollte. Nehme ich eine andere Sorte, dann wird es halt »nur« ein Kuchen. Schmeckt zwar auch lecker, ist aber kein Hefezopf. Und in der Sozialen Arbeit gibt es auch die feinen Unterschiede. Diese lassen sich zwar nicht abwiegen, wie 400g Zopfmehl, machen aber dennoch einen Unterschied aus. Unsere Zutaten zu einem großen Rezept sind die Handlungen. Und das Rezept sind zum Beispiel die Leitideen. Ein Glück, dass man Rezepte auch variieren kann. Den gluten- oder laktosefreien Hefezopf, der fair gehandelt aus der Region kommt, gibt es wahrscheinlich auch. Und er bleibt weiterhin ein Hefezopf. So ist es bei uns halt auch so, dass zwar die Ergebnisse der Rezepte für nahezu jeden erfüllt werden sollen, aber die Rezepte vielfältig umgesetzt werden können. Das wäre dann die Vielfalt der Methoden, die ein sozial tätiger Mensch an den Tag legen sollte. Man muss sein Handeln schon variieren können, wie es auch der Bäcker kann. Je nachdem, was ein Mensch möchte oder halt auch nicht möchte. Der Unterschied zwischen Fachlichkeit und Alltagswissen liegt leider auch nah beieinander. Es wirkt von außen betrachtet halt immer wie ein menschlicher Kontakt (was er natürlich auch ist). Wenn dies jedoch Menschen betrachten, die von der Materie keine Ahnung haben, könnte man sich einbilden, dass das ja jeder so

83 vgl. Lüssi (1995): 120

einfach kann. Menschliche Kontakte kennt ja jeder, hat jeder schon mal irgendwie gehabt, und fälschlicherweise könnte man denken, dass das auch jeder kann. Aber leider nein. Wenn ich dem Bäcker bei der Arbeit zuschaue, sehe ich auch, dass er viele Zutaten in eine Schüssel wirft, umrührt und in den Ofen stellt. Aber welche Zutaten, vielleicht in welcher Reihenfolge, für wie lange und bei welcher Temperatur in den Ofen? Das weiß dann wohl nur der Bäcker. Und das überlasse ich ihm auch gern. Auch wenn ich manchmal gerne Kuchen backe, macht mich das nicht gleich zum Bäcker. So ist es auch im Bereich der Sozialen Arbeit. Auch wenn man schon mal mit Menschen gesprochen hat, macht einem das nicht gleich zum Gesprächstherapeuten. Die #Leitideen der Eingliederungshilfe können da in vielen Situationen echt hilfreich sein. Diese stellen sozusagen, das Ziel dar, was wir erreichen wollen. Also zum Beispiel die Selbstbestimmung. Wenn ich eine entsprechende Situation im Alltag erlebe und mir wird bewusst, dass ich im Sinne der Selbstbestimmung arbeiten will, dann muss ich auch entsprechende Handlungen folgen lassen. Die Möglichkeiten der Handlungen sind, wie gesagt, so vielfältig, wie es Menschen gibt. Es reicht häufig schon zu fragen, was ein Mensch will, ohne ihm seine eigene Idee aufs Auge zu drücken. Wenn ich diese Frage stelle, wäre ich schon ein richtiger Bäcker ... ähhh ich meine Heilerziehungspfleger. Wenn ich die Frage nicht stelle, obwohl sie Sinn gemacht hätte, dann mische ich Essig in den Kuchenteig. Ich bin zu wenig Bäcker, um das zu beurteilen, aber es wird wohl nicht schmecken. So, oder zumindest so ähnlich, verhält es sich, wenn man fachlich anständige Arbeit macht. Man nutzt die Leitideen als Grundlage oder Ausgangspunkt für eine Sache, die man herstellen will. Die Herangehensweise (das Rezept) hat zwar wichtige Eckpunkte, darf aber auch variiert werden, wie es der jeweilige Mensch oder auch Kunde wünscht. Das sieht schon nach viel Freiraum aus, den man dabei so hat. So läuft diese ungenaue Weise auch darauf hinaus, dass sie missbraucht werden kann. Natürlich sollten die Leitideen auch nicht als Ausrede genutzt werden. Es gibt wortgewandte Menschen, denen es leichtfällt, zwar das eine zu wollen, es aber durch etwas anderes zu verkaufen. Die können einem schon gut vormachen, dass eine Handlung im Sinne des Normalisierungsprinzips gemeint ist, wenngleich es aber überhaupt nicht angemessen erscheint. Da wird es dann schwierig. Eine fachliche Diskussion kann dann schon mal schnell ausarten und das Miteinander ins Negative beeinflussen. Sowas hebt man sich am besten für den geeigneten Rahmen (vielleicht die Supervision) auf. Es bleibt generell wichtig, dass man über solche Betrachtungsweisen und Auslegungen spricht. Für viele ist es eigentlich schon fast ein Luxusproblem, wenn man im Team an der Stelle angekommen ist, dass man sich konstruktiv über die Umsetzung und Auslegung fachlicher Standards auseinandersetzt. Manch ein Vorgesetzter würde vor Freude in die Luft springen. Auch wenn es für den Alltag als hoch gesetztes Ziel erscheint, sollte diese Utopie ein absoluter Standard sein. Denn die fachliche Herangehensweise bildet den Ausgangspunkt für alles in der Berufswelt und das unabhängig von der jeweiligen Arbeit.

Das Problem in der Sozialen Arbeit ist jedoch, dass man trotz fachlich korrekt umgesetzter Handlungen das Ziel nicht unmittelbar als erreicht sehen kann. Es gibt keine einheitliche Zeit, wie lang ein fachlicher Kuchen in den Ofen muss. Es braucht für gewöhnlich viel davon oder weniger, das ist ganz unterschiedlich. Und mit der entsprechenden Gelassenheit dabei umzugehen und trotzdem seine Handlungen weiter entsprechend umzusetzen, das kann wirklich schwierig werden.

Dem schließt sich ein weiteres Problem an. Man ist sozusagen in einer gefühlten Endlosschleife von Rechtfertigung gefangen. Man muss sein Handeln gegenüber sich selbst hinterfragen. Und das in mehrfacher Hinsicht. Einerseits im Vorfeld einer geplanten Handlung, was ja nun schon einige Male beschrieben wurde. Allerdings ist ja nun nicht alles planbar. Und der berufliche Alltag wird einem schnell zeigen, dass die ungeplanten Aktivitäten wohl häufiger stattfinden werden als gedacht. In solchen Fällen ist man häufig damit konfrontiert, spontan zu reagieren.

Und dabei können sich natürlich auch fachliche Fehler einschleichen. Wir sind halt auch nur Menschen, die menschlich reagieren. Und wir sind halt so gestrickt, dass wir (unreflektiert) ähnliche Verhaltensweisen zeigen, wenn wir vor bestimmten Problemen stehen[84]. Sowas wie erlernte Notfallpläne, um nicht sabbernd vor einem Problem zu stehen und nicht mehr weiter zu wissen. Nun leider müssen diese Notfallpläne auch nicht immer fachlich begründet sein, sondern können auch von ganz woanders herstammen. Manch einer reagiert mit Aggressionen oder zieht sich stumm zurück. Beides ist wohl in den wenigsten Situationen hilfreich. Und davon gibt es noch eine Menge weiterer Reaktionen (die sogenannten #Abwehrmechanismen[85]). Wenn es möglich ist, sollte man natürlich bestenfalls diese Schemen bei sich selber kennen und einen Plan B haben, falls man diesen besagten Notfallplan ablaufen lässt. Das erfordert natürlich viel Kenntnis über sich selbst und kann nicht immer vorausgesetzt werden. Andernfalls bleibt einem nichts anderes übrig, als über die eigenen Handlungen rückblickend nachzudenken. Was habe ich da eben getan und warum? Hatte es fachliche Gründe oder ging es da gerad mit mir durch? Hat es vielleicht trotzdem gepasst? Wenn man nun noch so weit kommt, dass man weiß, wie man anders und vor allem richtig hätte reagieren können, dann ist man auf dem besten Weg. Mit Sicherheit kann man rückblickend natürlich auch sagen: »Ja, das habe ich toll gemacht.« Und wenn man sich das fachlich belegen kann, ist es umso besser. Problematisch wird es an der Stelle jedoch auch, wenn man sich selber etwas vormacht. Wenn ich mich vor mir oder anderen rechtfertige, dabei zwar wichtige Methoden oder Konzepte verwende, das alles aber totaler Quatsch ist. Wenn ich einfach nur ein paar wichtig klingende Worte benutze

84 vgl. Schmitt/ Altstötter-Gleich (2010): o. S.; [https://www.beltz.de/fileadmin/beltz/downloads/OnlinematerialienPVU/DifferentiellePsychologie/3.4_Beispiel e%20Abwehrmechanismen.pdf] (Zugriff am 30.6.2020); o.O.

85 siehe dazu auch: Abwehrmechanismen nach Anna Freud (2009) oder [http://www.abwehrmechanismen.com/] (Zugriff am 30.06.2020)

und mein Gegenüber damit tot quatsche, nur um meine eigene Haut zu retten, dann wird es schwierig. Solche Situationen erfordern von einem selbst viel Kraft und Mut. Man muss sich selbst eingestehen, dass, wenn jeder Mensch Fehler macht und man immer noch als Mensch dazugehören will, man auch Fehler machen sollte. Es ist o.k., Fehler zu machen und sich diese selber einzugestehen. Was nicht o.k. wäre, ist Fehler zu machen, sie schön zu reden und zu wiederholen. Man merkt schon, dass anscheinend jegliches Handeln mit Nachdenken und sich Erklären verbunden ist. An dieser Stelle reicht das aber noch nicht aus. Denn im Rahmen dieser Arbeit ist man regelmäßig auch in einem offiziellen Rechtfertigungs-Modus eingespannt. Da die Gelder für die Hilfen ja zumeist von gewissen Ämtern bezahlt werden, wollen die auch wissen, was damit so angestellt wird. Besser gesagt, sie müssen es prüfen, da das auch gesetzlich so verankert ist. Die Ämter fordern regelmäßig #Berichte an, wie die Arbeit so läuft, woran man gerade arbeitet und wie es sich so entwickeln könnte. Solche Berichte sind zu unterschiedlichen Zeiten dran. Manchmal in den nächsten drei Monaten, manchmal alle zwei Jahre. Immer je nachdem, wie man es mit dem Amt vereinbart hat oder vereinbaren musste. Mit dem Aufschreiben reicht es an dieser Stelle jedoch noch nicht. Denn das liebe Thema der #Dokumentation steht ja auch noch an. Man sollte täglich aufschreiben (ob nun am PC, in einem speziellen Programm oder per Hand in eine Akte), was man so alles mit den Menschen gemacht hat, wie man an ihren Zielen gearbeitet hat, was sich verändert hat und wie es weiter gehen könnte. Ob die ganze Schreiberei nun als Rechtfertigung oder sonst wie beschrieben wird, es muss nun mal sein. Und es ist auch wichtig und richtig. Es sollte nicht das Ziel sein, dass man schreibt, um zu schreiben. Vielmehr geht es darum, sein Handeln darzulegen und es damit auch zu übergeben. Und natürlich nicht zuletzt schreibt man auch deshalb alles auf, um zu prüfen, ob sich auch alle an den gemeinsam aufgestellten Fahrplan halten. Es ist halt ein Muss, ob man es nun mag oder nicht. Allerdings kann man dieses »Muss« natürlich auch als eine Chance sehen. Wenn ich die Dokumentation nun mit immer denselben kurzen Schlagwörtern fülle, ist damit nicht wirklich viel getan. Wenn ich das aber ehrlich und intensiv mache, mich also ehrlich und intensiv damit auseinandersetze, was ich so gemacht und erlebt habe, dann überdenke ich auch mein Handeln. Natürlich sollte man die Berichte und Doku nicht mit seinen persönlichen Befindlichkeiten füllen. Wenn man es jedoch objektiv darstellt, was man geleistet hat, dann wäre eine Chance da. Eine Chance, schriftlich darzustellen, dass man das fachlich Richtige gemacht hat. Und diese Chance kann man durchaus dazu nutzen, sein eigenes Handeln auf den Prüfstand zu stellen. Wenn ich beim Dokumentieren krampfhaft überlegen muss, warum ich denn so oder so reagiert habe, dann ist wohl irgendwas faul an meiner Arbeit. Weiß ich aber, worum es geht, was die Ziele sind und vor allem wie sie entsprechend der #Leitideen umgesetzt werden können, dann sollte es auch leichter fallen, seine Dokumentation zu schreiben. Somit könnte der Schreibfluss der Dokumentation ein Anzeichen dafür sein, wie sattelfest man in der fachlichen Herangehensweise ist. Demnach ist es immer von Bedeutung, dass ich das viele Schreiben auch dafür nutzen kann, ob ich mein Handeln durch kryptische Formulierungen verdecken will und von meinen eigentlichen Taten ablenke, oder ob ich mich damit auch mit Stolz hinstellen kann, dass ich gute Arbeit mache. Und das wäre völlig in Ordnung. Manchen fällt es schwer, sich und ihr Handeln (ob nun beruflich oder privat) zu verkaufen oder sich in irgendeiner Art dahingehend zu brüsten. Aber es ist völlig o.k, dass man gute Arbeit macht und das auch sagt. Oder wenn man es nicht sagen kann, dann halt aufschreibt.

Ein weiterer Punkt, den man durch Schreiben bzw. seine Worte zum Ausdruck bringt, ist die Art, wie man seine Arbeit sieht. Klingt jetzt vielleicht schwieriger, als es ist. Es bedeutet lediglich, dass Worte Realität erzeugen. Nenne ich die Menschen mit einer Behinderung z. B. Kloppies oder Krüppel, dann macht das eine bestimmte Sicht deutlich. Benenne ich sie als Klienten, Leistungsberechtigte oder so, dann macht das auch eine Betrachtungsweise deutlich. Ebenso ist es im Allgemeinen mit seiner Arbeit. Sehe ich mich als Mensch, der bei der Arbeit mit behinderten Menschen pflegerisch tätig ist oder im Sinne der Eingliederung bzw. Teilhabe? In der Alltagssprache wird da beides ziemlich oft über einem Kamm geschoren. Leider ist viel zu oft von Pflege die Rede, wenn man von solchen Wohnformen spricht und weniger bis überhaupt nicht von Eingliederungshilfe oder Teilhabe. Es ist zwar schon irgendwie nachvollziehbar, dass die Gesellschaft meistens in dieser Art von entsprechenden Häusern spricht. Woher soll man es auch anders wissen? Allerdings gibt es zwischen #Pflege und Eingliederungshilfe schon einen gewissen Unterschied. In der Pflege geht es primär um die Versorgung eines Menschen. Die Eingliederungshilfe beschäftigt sich jedoch vermehrt damit, dass ein Mensch am Leben teilhaben oder teilnehmen kann. Mal abgesehen davon, dass es für beide jeweils ein anderes Sozialgesetzbuch gibt (Pflege: SGB 11; Eingliederungshilfe: SGB 9). Das klingt vielleicht nicht großartig, macht aber in der Sicht auf die Arbeit schon viel aus. So kann man ein und dieselbe Sache mit einem Menschen unternehmen, es aber jeweils im Sinne der Pflege oder auch der Eingliederungshilfe tun. Gehe ich mit einem Menschen spazieren, weil er sich mal wieder bewegen und an die frische Luft soll, ist das echt nett, aber mehr in Richtung Pflege anzusiedeln. Im Sinne der Eingliederungshilfe ist ein Spaziergang allerdings auch dafür da, um dem Menschen zu ermöglichen, mit Nachbarn zu sprechen oder sich zu erkundigen, was im Ort so los ist. Es soll nicht bedeuten, dass eines der Sachen falsch wäre. Jede Handlung hat ihren Stellenwert. Und so kann es auch sein, dass der besagte Spaziergang sicherlich auch von beiden Seiten aus betrachtet Sinn macht. Wenn man allerdings in die Lage gerät und seine Handlung (vor sich oder anderen) rechtfertigen muss, dann ist es schon von Vorteil, dass man diesen Unterschied auch benennen kann.

Nun kommt ein weiteres Problem dazu. Und das steckt schon im Namen einer #Berufsbezeichnung, die wohl am häufigsten in der Arbeit mit behinderten Menschen vorkommt: die Heilerziehungspflege. Da ist der Begriff Pflege ja schon mit drin. Was soll das denn jetzt? Ein bisschen eingestehen muss man natürlich auch, dass gewisse pflegerische Maßnahmen (mal mehr und mal weniger) im Rahmen der täglichen Arbeit durchaus angesagt sind. Und da rede ich noch nicht davon, dass ein Mensch beim Waschen oder dem Essenreichen begleitet werden müsste. Nehmen wir nochmal den besagten Spaziergang. Auch wenn dieser im Sinne der Teilhabe geplant ist und auch so umgesetzt werden kann, kann es durchaus vorkommen, dass ein Mensch dazu erstmal mobilisiert werden muss. In echt heißt das, dass z. B. jemand erstmal eine stützende Hilfe benötigt, um aufzustehen und sich für einen Spaziergang fertig zu machen. Für solche kleinen Dinge macht es ja auch überhaupt keinen Sinn, einen Pflegedienst kommen zu lassen. Solche Handlungen werden natürlich auch von den Kolleginnen und Kollegen vor Ort übernommen. Die Vorbereitung dazu ist natürlich auch Teil der Ausbildung. Also, was kommt pflegerisch auf mich zu und wie mache ich das richtig? Sowas behandelt man dann doch lieber separat als in diesem Buch. Dennoch ist allein die Berufsbezeichnung schon irreführend, was den gesamten Auftrag im Alltag angeht. Die Berufsbezeichnung setzt sich aus drei Handlungen zusammen: heilen, erziehen und pflegen. Das mit dem pflegerischen Anteil der Arbeit haben wir ja schon geklärt. Aber sind wir Heiler oder heilen wir? Naja, wir heilen sicherlich nicht wie ein Schamane oder ein Arzt bestimmte körperliche Krankheiten. Allerdings kann man es auch so verstehen, dass wir soziale Krankheiten heilen sollen. Soziale Krankheiten wie Ausgrenzung, Stigmatisierung oder dergleichen. Durch aktive Einbindung eines Menschen in die Gesellschaft, der dazu fachliche Hilfe benötigt und durch uns erhält, können solche sozialen Krankheiten sozusagen auch geheilt werden. Und jetzt kommt mein »Lieblingsbegriff«, der des Erziehers. Also liebe Leute, die ihr euch diese Berufsbezeichnung ausgedacht habt. Ein Erzieher wird für gewöhnlich gern in Kitas eingestellt oder vielleicht auch noch im Hort einer Schule. Aber bin ich ein Erzieher, wenn ich erwachsene Menschen im Alltag begleite? Ja, einige verhalten sich vielleicht wie Kinder, aber das macht sie noch lange nicht zu solchen. Aber gut. Ein Erzieher hat im regulären Sinne ja unter anderem auch die Aufgaben, Wissen zu vermitteln. Ob es sich dabei nun um lebenspraktische Fähigkeiten, Allgemeinwissen, soziales Miteinander oder gesellschaftliche Normen handelt. Und ja, sowas machen die Heilerziehungspfleger vor Ort auch. Sie stellen einen Teil der Gesellschaft dar, der Normen und Werte der Gesellschaft mit in eine Umgebung bringt, in der sie unter Umständen auf andere Art erklärt werden müssen. Und Bildung ist spätestens in der heutigen BTHG-Zeit ein extrem wichtiger Punkt. Also ja, ein bisschen ist man auch Erzieher. An sich stimmen die genannten Teileigenschaften der Berufsbezeichnung des Heilerziehungspflegers (oder kurz: HEP) schon irgendwie überein mit der täglichen Arbeit. Aber betrachtet man diese Berufsbezeichnung kurz, ohne langes Nachdenken und mit den Augen eines Außenstehenden, dann wird man doch schon wieder schnell vor Irritationen gestellt. Ich bleibe dabei, dass die Berufsbezeichnung einen Teil des Problems darstellt, dass die Arbeit in der entsprechenden Einrichtung von der Außenwelt falsch gesehen wird, weil sie sich schon falsch präsentiert. Meiner Ansicht (und auch der Ansicht anderer) nach, wäre eine Bezeichnung wie Teilhabehelfer oder Teilhabeassistent viel hilfreicher. Das Ziel der Arbeit würde dabei in den Fokus gerückt und nicht die Methoden, also die Art und Weise, wie die Ziele erreicht werden sollen. Es geht um Teilhabe, nicht um heilen, erziehen und pflegen. Und um das Ganze jetzt noch auf die Spitze zu treiben, kann sich gern jeder mal Gedanken dazu machen, ob er sich in der täglichen Arbeit gern als Unterstützer, Betreuer, Begleiter, Assistent oder was auch immer sieht. Auch wenn man im Alltag zwischen diesen Rollen wechselt, sollte einem bewusst sein, dass jeder dieser Begriffe eine bestimmte Wertung in sich trägt[86]. Und wie gesagt: Worte erzeugen Realität. Das sieht dann auch die Gesellschaft in einem, der in diesem Hilfssystem arbeitet. Möchte ich als jemand gesehen werden, der Leuten etwas abnimmt oder der Leu-

86 vgl. Lüssi (1995): 460ff (der weitere Abschnitt bezieht sich ausschließlich auf das genannte Werk von Lüssi, auch ohne entsprechende Markierungen)

te zu etwas befähigt? Es gibt natürlich noch weitere Eigenschaften, die einen Menschen ausmachen, der als gut in seiner sozialen Tätigkeit betrachtet werden kann. Schlaue Köpfe haben sogar sowas in Büchern zusammengefasst, was sich sonst oft nur als ein Gefühl wahrnehmen lässt[87].

Menschen im sozialen Sektor sollen diverse Persönlichkeitsmerkmale mit sich bringen[88]. Grundlegend sollte jeder Mensch, der in irgendeiner Art helfend unterwegs ist, auch Interesse daran haben, hilfsbereit zu sein. Wenn ich nicht helfen will, dann gibt es ja noch viele andere tolle Berufe. Die Art und Weise, wie man hilft, ist dann eine ganz andere Frage. Also, nehme ich eher Menschen eine Aufgabe ab oder befähige ich sie dazu, es selbst zu schaffen? Weiterhin sollte man dazu in der Lage sein, mit Menschen in Kommunikation treten zu können. Es bringt niemandem etwas, wenn ich nicht dazu in der Lage bin, mich irgendwie auszudrücken. Es bedeutet nicht, dass man sonst wie sprachgewandt sein muss, um im Leben was zu reißen (auch wenn es damit leichter gehen kann). Allerdings muss ich in der Arbeit mit Menschen auf vielfältige Art kommunikativ sein. Es ist das Pendel zwischen einer angemessenen Art zu sprechen bzw. sich gegebenenfalls auch ohne gesprochene Sprache mit Menschen mit einer Behinderung auseinanderzusetzen. Gleichzeitig wird erwartet, dass man sich im jeweiligen Team, in dem man für gewöhnlich tätig ist, ebenfalls ausdrücken können sollte. Man muss, wie gesagt, auch viel reden (bzw. schreiben), um sich und sein Handeln zu erklären. Eine gute und offene Art, sich ausdrücken zu können, erleichtert es auch immens, die Zusammenarbeit in einem Team zu sichern. Insbesondere die Absprachen und ein gemeinsames Handeln wirken sich unmittelbar auf die Menschen aus, die es betrifft. Dafür einen Leitfaden zu erstellen, wäre wahrscheinlich etwas hoch gegriffen. Wichtig ist, dass man miteinander spricht und das immer in einer

87 dazu immer wieder empfehlenswert: Lüssi (1995) »Systemische Sozialarbeit«

88 vgl. ebd.: 190ff

Weise, die gerade angemessen ist. Weiterhin muss man sich wohl oder übel und trotz aller pseudo-romantischen Vorstellungen eingestehen, dass es eine normale Arbeit ist, in der man da steckt. Und in dieser Arbeit ist man im wahrsten Sinne ein Werkzeug[89]. Wir brauchen nicht mal einen Werkzeugkoffer, um alles für den Job dabei zu haben, sondern haben eh immer alles bei uns. So sollte es sozusagen auch ein Werkzeug sein, dass man nicht die eigenen Bedürfnisse im Berufsalltag mit den Bedürfnissen der anvertrauten Menschen vertauscht. Das macht schon einen grundlegenden Unterschied der fachlich hochwertigen Arbeit aus. Ich stelle mich mit meinen Erwartungen an ein »ordentliches« Leben hinten an und verlasse mich darauf, dass mein Gegenüber wahrscheinlich auch sowas hat. Allerdings mit dem Unterschied, dass die Person dabei womöglich Hilfe braucht, um es zu entwickeln oder auszuleben. Und die Hilfe zur #Selbstverwirklichung ist unser Auftrag. Man soll sich natürlich nicht total aufgeben, was die eigenen Wünsche und Empfindungen angeht. Besonders in Gesprächen kann dies förderlich sein. Man muss halt immer im Blick behalten, warum man z. B. gerade etwas sagt. Erzähle ich von einer privaten Situation oder einem Gefühl, weil es mich entlastet oder ich mich doch profilieren will? Dann sollte ich es lieber lassen. Da geht es zu sehr um mich und meine Bedürfnisse, im Mittelpunkt stehen zu wollen. Man spricht im Alltag gern davon, »den Ball zurückzuspielen«, wenn man dazu bestrebt ist, wieder dem Gegenüber die Oberhand zu geben, wenn es darum geht, wer gerade dran ist. Solche Fähigkeiten kann man jedoch auch ganz konkret erlernen, wenn man entsprechende Weiterbildungen zum Thema #Gesprächsführung besucht. Gleichzeitig ist es ein schmaler Grat, auf dem man da unterwegs ist. Wenn man sich in rechtlich schwierigen Situationen befindet, sollte man gleichzeitig natürlich sehr achtsam sein. Als Prämisse gilt: soweit ein Mensch durch sein Handeln nicht die Freiheit eines anderen Menschen einschränkt, ist es noch seine eigene Freiheit. Nun bedeutet es im Rückschluss nicht,

89 vgl. ebd.: 197ff

dass man vollkommen passiv arbeiten soll. Zwar schon passiv, was es angeht, seine eigenen Probleme durch die Arbeit zu kompensieren, aber man sollte sich schon drehen. Allein durchs Reden lösen sich nicht alle Probleme. Man sollte schon eine gewisse Eigeninitiative an den Tag legen, um Probleme zu ändern. Wen es nur über reine Logik ginge, hätten es sicherlich schon die Leute gemacht, die das Problem haben. Allerdings ist es hierbei von besonderer Wichtigkeit, dass man auch nicht die Probleme sozusagen im Verborgenen löst. Man sollte die Menschen, die es betrifft, dabei immer mit einbinden und sie bei der Problemlösung teilhaben lassen. Die Intensität kann dabei sehr unterschiedlich sein. Menschen Teilaufgaben selber bewältigen zu lassen oder sie durch regelmäßige Gespräche auf dem Laufenden zu halten, sind nur zwei Varianten. Wenn man allerdings das Problem einfach nur in #Stellvertretung löst, ist meistens nicht viel geschafft. Jedenfalls nicht, was die Zukunft angeht. Es ist vielmehr das Ziel unserer Arbeit, dass wir uns überflüssig machen, statt zu verdeutlichen, dass Probleme nur mit uns geregelt werden können[90].

Und es geht weiter mit den Eigenschaften, die auch in sicherlich vielen Stellenausschreibungen stehen werden. Auch wenn man schon flexibel in seinen Handlungsoptionen sein soll, wird gleichzeitig von einem verlangt, dass man Standfestigkeit mitbringt. Dies bedeutet, dass man (fachlich begründete) Handlungen auch selbstständig herleiten kann, entsprechende Entscheidungen trifft und diese auch aushält. Das sind schon Anforderungen, die nicht jedem in die Wiege gelegt sind. Solche Fähigkeiten muss man sich allzu oft mühsam erarbeiten und durch stetige Reflexion, aber auch Mut aneignen.

Ein Punkt, der mir besonders gefällt, ist die sogenannte soziale Intelligenz[91]. Nicht zu verwechseln mit Intelligenz im intellektuellen Sinn, also dass man halt viel weiß und so weiter. Es ist viel mehr die Eigenschaft, dass man ein schlauer Kopf im sozialen Sin-

90 vgl. ebd.: 105

91 ebd.: 203ff

ne ist. Es bedeutet, dass man sich auf andere Menschen einlassen kann, dabei authentisch bleibt, mitfühlen kann, jedoch auch dabei auf sich selbst aufpasst. Es ist die Grundeigenschaft, die auch ermöglicht, dass man soziale Zusammenhänge überhaupt verstehen kann. Dem schließt sich ein letzter Punkt an. Er macht deutlich, dass man als Wesen handelt, das richtig von falsch unterscheidet und letztendlich danach handelt. Es hat also viel mit #Moral und Ethik zu tun. Man sollte ein echtes Interesse daran haben, Menschen wirklich helfen zu wollen, ohne dabei die eigenen Interessen direkt oder indirekt zu verfolgen. Ebenfalls sollte man Tugenden wie Ehrlichkeit, Verlässlichkeit und Aufrichtigkeit in sein tägliches Handeln integrieren. Das ist vielleicht leichter gesagt als getan. Wie soll man zum Beispiel jemandem erklären, dass er »sozial doof« ist? Wenn er es dann unter Umständen verstanden hat, was kann man dagegen tun? Wenn ich was nicht weiß, dann kann ich nachfragen oder mich halt woanders schlau machen. Google ist mein Freund, was das angeht. Aber was, wenn mir nun jemand die soziale Umnachtung vorwirft? Aber man kann beruhigt sein, denn es ist möglich. Indem man kritisch bleibt, bei dem, was man erlebt, und bei dem, was man selber macht. Ja ja ... Das ist sie mal wieder, die #Reflexion. Dieses Mal darf man aber auch auf andere Baustellen gucken, also darauf, was die anderen so treiben, um das gleich wieder für sich zu nutzen. Habe ich auch schon mal sowas gemacht, wie das, das sich gerade bei meinem Gegenüber sehe? Warum war es richtig oder falsch? Was würde ich es beim nächsten Mal genauso oder unbedingt anders machen? Und vor allem, Warum? Indem man sich Ideen anderer Menschen anhört, sich sonst wo schlau macht oder halt wirklich kritisch mit sich umgeht, dann entwickelt man für sich auch das soziale Köpfchen. An sich geht es dabei um das Sammeln von Erfahrungen. Und wenn man diese Erfahrungen in sich aufnimmt, mal so richtig sacken lässt, dann wird das schon. Es bleibt also eine lebenslange Aufgabe und ist maßgeblich mit der Arbeit an sich selbst verbunden. Natürlich soll ich dabei nicht mein eigenes Menschenbild vergessen, nur weil mal jemand schön reden kann und mich damit überzeugt. Es geht vielmehr darum, dass man andere Einflüsse aufnimmt, sie natürlich auf gut und böse abwägt und als einen neuen Teil von sich werden lässt. Klingt schon ziemlich spirituell das Ganze. Aber am Ende geht es genau darum. Zusammengefasst ist man als Mensch in der Sozialen Arbeit schon ziemlich vielen sozialen Werten unterworfen bzw. sollte sie draufhaben. Und es wird eine ganze Menge moralisches Zeug von einem erwartet. Es ist zwar möglich, sowas zu lernen, aber dafür muss man das auch wollen. Zwar wäre es schön, aber es muss ja nicht jeder in solch heftiger Weise soziale Skills haben. Es gibt ja noch viele andere Berufe, in denen ganz andere Werte zählen. Und die sind nicht weniger wichtig. Klar ist es vorteilhaft, sich in Menschen hineinversetzen zu können. Es braucht aber ehrlich gesagt nicht jeder. Jedenfalls nicht in jedem Beruf.

Oft hört man in Gesprächen: »Das könnte ich ja nicht. Also, das mit den behinderten Menschen tagtäglich.« Und das ist doch o.k. so. Viele meinen damit wahrscheinlich, dass sie nicht die nötige Geduld haben, oder es bestehen sonstige Berührungsängste. Unter uns, das haben auch viele Kollegen vor Ort. Aber es gehört, wie gesagt, schon ein bisschen mehr dazu, und das scheint vielen Leuten schon irgendwie klar zu sein, die von einer solchen Arbeit hören. Um soziale Berufe gut zu machen, muss man halt eine ganze Menge Eigenschaften in sich vereinen und konstant an sich arbeiten. Und das nicht nur über den Zeitraum der Berufsausbildung, sondern bestenfalls für den gesamten Zeitraum des Berufslebens. Eigentlich sollten die Leute sagen: »Das könnte ich ja nicht ... So viel an meiner Persönlichkeit arbeiten, stelle ich mir echt schwer vor.« Und man kann davon ausgehen, dass es sicherlich den meisten im Vorfeld nicht bewusst ist. Wer nimmt sich sowas denn schon bewusst vor? Dafür muss man schon leicht verrückt sein. Also sind wir wahrscheinlich genau richtig hier.

Das Thema gesellschaftliche Wertschätzung wird schon sehr deutlich. Und man muss sagen, dass die Gesellschaft zwar weiß, dass es behinderte Menschen gibt, aber wo sie wohnen und was sie so machen, da gibt es dann schon viele Fragezeichen. Besonders spannend ist es dazu aktuell im Jahre 2021. Wir befinden uns in der Mitte/dem Ende (keine Ahnung) der #Corona Pandemie. Das soziale Leben ist weitestgehend eingedämmt, Menschen sollen nach Möglichkeit nicht mehr vor die Tür, Kitas und Schulen waren geschlossen und viele Menschen arbeiten von Zuhause, wenn sie überhaupt noch arbeiten. Nur die wirklich Harten müssen noch ihrem Job nachgehen. Man ist #systemrelevant und tätig in sogenannten »kritischen Infrastrukturbereichen«. Man ist also unabdingbar für die Aufrechterhaltung der Gesellschaft. Homeoffice geht da nicht, und man muss halt in die Häuser gehen und arbeiten. Derzeit hört man auch eine ganze Menge dankender Stimmen, gerichtet an sämtliche Berufsgruppen. Und die machen natürlich auch eine super Arbeit. Aber bis auf eine Rede der ehemaligen Bundeskanzlerin hört man von der Eingliederungshilfe leider recht wenig bis gar nichts. Und da ist es mal wieder. Man muss sich leider (jedenfalls noch) damit abfinden, dass man mit einem solchen Job keine so dauerhafte Anerkennung bekommt wie zum Beispiel Ärzte. Es weiß auch nicht wirklich jeder, was man in diesem Beruf so treibt. Es gibt einen Haufen Vorurteile gegenüber der Arbeit mit behinderten Menschen. Und selbst in einer solchen weltweiten Krise kommt es regelmäßig vor, dass man halt immer noch vergessen wird. Und dennoch gibt es Menschen, die diese Arbeit tun. Menschen, die sich jeden Tag erneut aufrappeln und einen Sinn darin finden, behinderten Menschen zu helfen. Damit will ich nicht sagen, dass andere Berufsgruppen unwichtig sind. Vielmehr sollte sich ein gesellschaftliches Bewusstsein in Bezug auf die Arbeit mit Menschen mit einer Behinderung entwickeln. Es muss nicht jeder wissen, wie es im Detail läuft. Das weiß auch keiner ganz genau über andere Arbeiten. Was sich allerdings verändern müsste, ist die Art und Weise, dass erstmal über die Berufsfelder der Eingliederungshilfe nachgedacht und gesprochen wird. Und gleich darauffolgen sollte die Art und Weise, wie über diese Arbeit gedacht wird. Man hat keine Patienten, man pflegt nicht (nur), man ist nicht der Vormund und so weiter. Man ist eine Art Weggefährte, um Menschen, die von allein nicht dazu in der Lage sind, zu helfen, für sich selbst einzustehen und eine eigene und erfüllende Lebensweise in der Gesellschaft zu entwickeln. Mit einem solchen gesellschaftlichen Blick würde die Arbeit sicherlich eine ganz andere Wertigkeit erhalten. Es ist also nicht immer nur wichtig, dass man überhaupt darüber nachdenkt, sondern auch wie man es tut.

Was sollte man nun also tun? Also als HEP an der Basis, der die gesellschaftliche Stellung der anvertrauten Menschen und der seines eigenen Berufsfelder verbessern will? Und da fängt es auch im Kleinen an. Man könnte sich einem #Berufsverband anschließen. Also einer solchen Gruppe, die auf politischer Ebene Einfluss für die Berufsgruppe nimmt. Wenn da so ein kleiner Verein auftritt, hat deren Stimme sicherlich nicht besonders viel Gewicht. Wenn es allerdings eine Vereinigung mit vielen Mitgliedern ist, ist auch die politische Sichtweise und Stärke eine ganz andere. Man denke mal nur an die ganzen Lobbys, die eine ganze Menge Einfluss haben (Stahlindustrie, Tabak, Medizin). Da geht schon eine ganze Menge. Man kann natürlich auch immer im kleineren Stil daran arbeiten. Indem man gute Werbung für den eigenen Beruf macht. Wenn ich in der Öffentlichkeit mit Menschen mit einer Behinderung unterwegs bin, sollte ich ganz genau darauf achten, was ich sage und wie ich mich verhalte. Viele Handlungen werden von einer Gesellschaft wortlos erwartet. Wenn man Handlungen abnimmt oder für jemanden entscheidet, da würden sich umstehende Personen nicht großartig wundern. Es wird ja sozusagen gesellschaftlich erwartet, dass man sich so verhält. Wenn man allerdings dazu beitragen will, dass sich auch in kleinen Schritten etwas verändern soll, muss man es auch in der Öffentlichkeit machen. Bei bspw. einem Einkauf sollte man schon ziemlich direkt darauf aufmerksam machen, dass die Auswahl der Waren allein in der Hand der Menschen liegt, die man begleitet. Man darf dabei ruhig normal wirken. Es ist ja auch etwas ganz Normales, einkaufen zu gehen. Es wäre nicht normal, Menschen beim Einkaufen zu bevormunden. Egal welche Handlungen von einem in der Öffentlichkeit beobachtet werden, sie werden gesehen und gedeutet. Wenn gesehen wird, dass man sich als Wissender über die behinderten Menschen stellt, dann beeinflusst das auch den gesellschaftlichen Blick. Ebenso aber auch, wenn man sich richtig verhält und zeigt, dass man eher ein #Assistent ist. Auch das wird von anderen Menschen gesehen.

Es ist häufig zu beobachten, dass Menschen mit einer Behinderung, die Begleitung bekommen, nicht direkt angesprochen werden. Wenn Sie beim Einkauf eine Frage haben, an der Kasse stehen oder auch in einem Arztgespräch sind, wird die Antwort meistens an die Begleitperson gerichtet. Ich habe es wirklich sehr selten gesehen, dass sich von allein eine »berufsfremde« Person bei Antworten direkt den betreffenden (und behinderten) Menschen zuwendet. Und leider habe ich noch seltener erlebt, dass eine behinderte Person sich den Augenkontakt bei einer Antwort selber einfordert. Das braucht dann wirklich unsere Hilfe, denn das ist auch ein großer Teil unserer Arbeit. Es geht nicht darum, den Menschen alles abzunehmen, sondern ihnen gesellschaftliche Teilhabe zu ermöglichen. Der Unterschied zwischen einer Fachkraft und einer ungelernten Person könnte dabei in einem Satz verdeutlicht werden: »Sprechen Sie ruhig mit ihm.« Und zack: das ist #qualifizierte Assistenz. Damit verhilft man jemandem, gesellschaftlich wahrgenommen zu werden. Eine kleine Geste mit enormer Wirkung. Die jeweilige Person wird wahrgenommen, wir kommen unserer Arbeit nach und die beratende Person an der Kasse berät ihren Kunden. Vielleicht ist ihr dieser Wink auch etwas peinlich, obwohl sich das dann aber umso besser einprägt und beim nächsten Mal bestenfalls nicht wieder vorkommt. Es kommt halt darauf an, dass man sich seiner Aufgabe bewusst ist und diese im besten Fall auch umsetzt. Und wenn man das entsprechend transparent gestaltet, dann hat auch die Öffentlichkeit was davon, indem sie ihre Wahrnehmung von Menschen mit einer Behinderung (wenn auch erstmal im Kleinen) überdenkt und anders handelt. Denn solche gesellschaftlichen Änderungsprozesse haben nicht nur Auswirkung auf die Menschen mit einer Behinderung. Man wird auch als Begleitperson entsprechend wahrgenommen und überdacht. Es kommt sicherlich auch darauf an, wie man auf etwas aufmerksam macht. Der Ton macht schließlich die Musik. Und niemand mag die militanten Weltverbesserer oder will als arrogant gelten. Wenn man sich allerdings auch bei entsprechenden Hinweisen angemessen verhält, spricht man auf gewisse Art auch für seine Berufsgruppe und repräsentiert diese dadurch. Man sollte sich also auch immer bewusst sein, was man so alles indirekt noch macht, wenn man mit einem Menschen mit einer offensichtlichen Behinderung in der Öffentlichkeit unterwegs ist. Und das darf auch gerne weiterhin so sein. Denn wenn man die Wohneinrichtungen nicht verlässt, aus der Angst heraus, Fehler zu machen, dann hat man bereits den ersten Fehler gemacht.

Stress und Alltag

Wenn alles nur so einfach wäre, wie es bis jetzt klang. Es macht vielleicht den Anschein, dass es gar nicht so schwierig ist, diese Form der Arbeit einfach nur gut zu machen. Ein bisschen häufiger über sich nachdenken und alles ist schick?! Nur so einfach ist es dann doch nicht. Man hätte die Rechnung ohne den Wirt gemacht, wenn man den Alltag außer Acht lässt. Denn dieser kann, wie in so vielen Lebensbereichen, ganz schön viel ins Wanken bringen. Und man braucht nicht nur in den beruflichen Alltag zu schauen. In einigen Ehen kommt es auch vor, dass auf einmal der Partner explodiert, weil ihn über die Jahre irgendwas so dermaßen auf die Nerven geht und auf einmal ist »aus die Maus«.

Und da kommt »Kollege Routine« ins Spiel. Der größte Idiot überhaupt und ein totales Kollegenschwein. Gaukelt einem vor, dass es schon richtig so ist, Tag für Tag dasselbe zu machen, und plötzlich ist es nicht mehr richtig. In der Realität ist es nämlich oftmals (wenn nicht sogar immer) so, dass man einfach mal keine #Zeit hat. Keine Zeit für gar nichts. Man kann sich nicht auf ein Gespräch einlassen, sich nicht Zeit nehmen, um über eine Handlung nachzudenken oder sie mal ausreichend vorzubereiten[92]. Es geht Zack auf Zack, und der Plan am Tag ist voll. Und alles nur, dass die liebe Routine erhalten bleiben kann. Aufstehen, waschen, essen, Arbeit usw. Nicht nur gefühlt gleicht ein Tag dem anderen. Dabei ist es sogar leider noch verständlich, dass wir Menschen Wesen sind, die Rituale entwickeln. Denn sowas bringt ja auch Sicherheit, wenngleich diese auch zweifelhaft sein kann[93]. Man fühlt sich für gewöhnlich wohl, wenn man weiß, was als nächstes passiert. Man wirkt souverän, wenn man einen Plan hat. Und »das bisschen Stress« muss halt so sein, ist ja auch Arbeit und die muss nicht unbedingt immer nur Spaß machen. Doch am Ende ist es dabei auch häufig so, dass man frustriert ist. Man macht Dienst nach Vorschrift und zieht das Ding halt bis zur Rente durch.

Irgendwann ist ja auch Schluss damit. Generell ist es ja aus Sicht eines Arbeitgebers sicherlich auch was Feines, wenn die lieben Kollegen immer schön ihre Arbeit machen und auch weiterhin zur Arbeit kommen, auch wenn sie frustriert sind. Aber: wir arbeiten nicht am Fließband, sondern immer noch mit Menschen. Und da besteht ein Problem. Wer Tag für Tag einfach nur die tägliche Routine fährt, der läuft Gefahr, für die übrigen Dinge blind zu werden. Man ignoriert (gewollt oder ungewollt) die Bedürfnisse von sich und auch von den Menschen um einen herum. Und das betrifft Kollegen wie auch die Klienten. Man ist stets nur darauf aus, seinen Plan umzusetzen. Man handelt nicht mehr nach fachlichen Prinzipien, sondern nach »dem Plan«. Gelobt sei der Plan, unser Herr und Meister. Bestenfalls hat man diesen sogar in einer richtigen Übersicht, also in Papierform oder als Kalender. So ist es auch

92 vgl. Königswieser (2006): 72

93 vgl. Bauer/Schmidbauer (2005): 128f

für neue Kollegen umso leichter, sich zurecht zu finden, zu wissen, was zu tun ist und auch möglichst schnell zu resignieren (zu Deutsch: abzukotzen). Eine Anleitung zum Unglücklichsein. Und diese Problemlage steht nicht allein. Es gibt schon noch eine zweite Ebene, auf der es kritisch wird. So werden die Bedürfnisse außerhalb des Planes nicht nur ignoriert und abgetan.

Man stumpft auch ab. Man wird unaufmerksam und mutiert langsam zu einem gefühlsarmen Wesen, das in diesem Beruf fehl am Platz ist. Wenn man nicht darauf achten muss, wie es einem Menschen geht, da der Plan ja das Essentielle regelt, muss man diesen Menschen auch nicht mehr wahrnehmen. Wenn man nicht darauf aufmerksam gemacht wird, dass etwas nicht so läuft, wie es laufen soll, warum sollte man dann auch etwas ändern? Für gewöhnlich hat man es in dieser Arbeit ja mit Menschen zu tun, die sich eher seltener über solche Probleme beschweren. Oftmals nehmen sie solche Zustände als normal an. Plötzlich spricht man in der Gegenwart von Klienten über diese, als wären sie nicht da. Da wird alles auseinandergenommen, was einem so auf den Kranz geht. Und man darf sich endlich mal richtig Luft machen. Am besten wäre noch, wenn die beteiligten Personen zustimmen würde, was man so über sie erzählt. Das würde der Absurdität die Krone aufsetzen. Es klingt vielleicht weit hergeholt, aber ist wirklich und vor allem mehrfach so passiert. Und wenn man dann den passenden Kollegen an seiner Seite hat, der ebenso handelt, dann nimmt sowas auch nicht wirklich ein Ende und es wird normal. So kann es sich, ganz normal wirkend, dahin entwickeln, dass man sich völlig unangebracht verhält. Hinzu kommt, dass man sich aufgrund der wenigen Zeit zumeist nur kurz über seine Befindlichkeiten unterhalten kann. In der Raucherecke ist es zu inoffiziell und in der Dienstberatung will man manche Dinge einfach nicht im Protokoll haben. Häufig sind wir ja so gestrickt, dass wir für diese Probleme eine Lösung finden wollen. Eine durchaus menschliche Eigenschaft, dass man nicht immer weiter vor der unüberwindbaren Wand stehen will. Wenngleich auch die dienstälteren Kollegen an dieser Stelle öfter etwas langsamer voran kommen als die sogenannten »jungen Wilden«. Um nicht sogar zu sagen, dass Kollegen mit längerer Dienstzeit oftmals auch resignierter sind, was Veränderungsprozesse angeht, als die, die neu dazu kommen. Es sind natürlich nicht alle so, aber gefühlt viele. Wenn man dann in den Gesprächen versucht, etwas Neues vorzuschlagen, dann scheint es eine Art Absprache zu geben. Eine Absprache, wobei die Antworten von einem veränderungsunwilligen Kollegen an den nächsten weitergegeben werden. Es wirkt, als bekäme man nach 30–40 Jahren im selben sozialen Unternehmen eine Art Schulung, in der man lernt, auf solche Fragen einheitlich zu reagieren. »Die Brote beim Abendbrot werden zugeteilt, weil die Leute kein Sättigungsgefühl haben. Man kann über die Bewohner in ihrer Anwesenheit reden, das verstehen die ja eh nicht. Das kann der eh nicht. Das haben wir schon probiert, und es half nichts. Die Badezimmertür ist offen, weil es ihnen ja eh egal ist. Wir haben schon alles probiert. Dafür fehlt das Personal.« Ziemlich genau solche Antworten bekommt man oft, wenn man sich auf den Weg macht, um ernsthafte Lösungsversuche zu entwickeln. Das sind dann schon richtige Totschlagargumente. Man will ja auch nicht unhöflich erscheinen, wenn man darauf reagiert, dass das meiste eigentlich totaler Quatsch ist. Nun kann man so oder so darauf reagieren. Entweder ich baue mir daraus ein lustiges Bingo Spiel, und wer zuerst eine Reihe mit den Antworten voll hat gewinnt. Ich könnte mir auch die passende Antwort im Vorfeld zurechtlegen. Dann muss man aber auch genauso schlagfertig sein, wenn die nächste Reaktion folgt, auf die man eigentlich sprachlos ist. Oder die Variante, wo ich etwas ausholen muss. Es geht insgesamt immer um die Art, wie man solche Sachverhalte betrachtet. Alle beschriebenen Antworten sagen aus, dass es zwar durchaus schon mal probiert wurde, etwas zu ändern, und auch ein Bewusstsein für ein Problem vorhanden ist. Zumindest in den meisten Fällen. Andersherum würde es bedeuten, dass zwar entsprechend der Aussagen gehandelt wird, aber keiner es mit irgendeiner Problemlage in Verbindung bringt. Es würde bedeuten, dass keiner darin wirklich ein Problem sieht. Also umso besser, wenn es so ist, wie vorab beschrieben. Dieses mehr oder weniger vorhandene Problembewusstsein ist eine Voraussetzung für die sogenannte #lösungsorientierte Herangehensweise. Das ist eine Form der Gesprächsführung. Und auch, wenn ich es an anderer Stelle bereits benannt habe, will ich diese hier trotzdem nochmal kurz beschreiben, da es sehr wichtig ist. Lösungsorientierung hat jetzt nichts damit zu tun, dass man es so nennt, weil man am Ende eine Lösung haben wird. Es wäre zwar gut, muss aber nicht unbedingt sein. Es geht bei der Lösungsorientierung vielmehr darum, dass man von den Ausnahmen zu diesen Zuständen ausgeht[94]. Man sich also die Wege erfragt, wie solche oder ähnliche Probleme bereits in der Vergangenheit gelöst wurden. Oder die Situationen erfragt, wann die Probleme weniger stark ausgeprägt sind. Man geht davon aus, dass kein Problem 24 Stunden am Tag und 7 Tage in der Woche gleich stark ausgeprägt ist. Die Situationen, in denen es nicht so ist, diese machen die Lösungsorientierung aus. Von diesen Situationen aus kann man anfangen, eine Lösung zu suchen. Es macht einem die Lösungssuche leichter, da man sich vom Kopf her nicht mehr im Problemsumpf befindet, sondern schon auf die besseren Zeiten fokussiert ist. Allein dieser Gedankengang macht einen großen Unterschied aus. Wenn Menschen es schaffen, sich einem vermeintlichen Problem mit dieser Herangehensweise anzunehmen, ist schon viel geschafft, was eine wertschätzende Perspektive angeht.

Mal ein Beispiel: Ein Mensch mit einer Behinderung wird von einer Kollegin als faul beschrieben. »Der macht ja nie mit und ist eh nur auf sich und sein Wohlergehen fixiert. Echt, der macht NIE mit (Nie heißt eigentlich fast nie)? Nein, der ist wirklich stinkefaul. Also, sitzt er den ganzen Tag rum und macht nichts?! Das Essen scheint ihm aber trotzdem wichtig zu sein? Naja, wenn es ums Essen geht, hilft er schon ab und an mal, den Tisch zu decken (da ist eine Ausnahme), aber auch nur, dass er schneller an sein Essen kommt (Teil zwei des Satzes kann ausgeblendet werden; trägt nicht zur Lösung bei). Also scheint ihm das Essen so wichtig zu

94 vgl. de Shazer/Dolan (2008): 27f

sein, dass er dabei sogar aktiv wird und hilft? Äh ja, eigentlich schon (Ausnahme gefunden; Änderung ist auf dem Weg). Wie wäre es denn damit, ihn öfter bei Aufgaben zur Vorbereitung der Mahlzeiten einzubeziehen (eigentlich echt naheliegend)? Ja, das könnte man mal probieren (Lösung angenommen; Problem tritt in den Hintergrund). Und ab wann soll es los gehen (am besten gleich fest verabreden)? Gleich heute zum Abendessen (Begeisterung steigt). Toller Plan (schön nochmal bekräftigen; kommt immer gut an).«

Es mag vielleicht weit hergeholt klingen, aber genauso eine Situation kann man im Alltag erleben. Auch wenn so ein Gespräch natürlich auch weitaus länger werden kann. Es wird sich im Laufe eines Gespräches auch viel in der Stimmung des Gegenübers ändern. Mal geht es mit der Lösungssuche voran, mal zurück und die Problemsicht nimmt wieder überhand. Aber insgesamt finde ich es eine super Methode, um Gespräche über Änderungsprozesse in die Wege zu leiten. Wer sich mehr dazu interessiert, sollte sich unbedingt weiter zur lösungsorientierten Gesprächsführung schlau machen. Dazu eine Weiterbildung zu besuchen, zahlt sich wirklich aus.

Nur ist es leider so, dass die wenigstens Probleme so nebenbei bei einer Zigarette besprochen und gelöst werden können. Manche Probleme sind einfach festgefahren. Jedenfalls wirken sie oft so. Wenn man das vorangegangene Beispiel nochmal nimmt, muss es nicht immer nur an den Klienten liegen. Die meisten Probleme sind sozusagen hausgemacht. Hausgemacht, von der Institution und den Menschen, die die Probleme als Probleme definieren, wenngleich dies auch ein normaler Zustand ist[95]. Eine Sache wird halt erst zu einem Problem, wenn ich daraus ein Problem mache. Wenn ich sage, dass Ordnung im Haus sein muss, indem alles an seinem Platz liegt, dann ist es ein Problem, wenn die Nachttischlampe nicht wie immer Richtung Norden ausgerichtet ist. Wenn ich anordne, dass es normal ist, sich immer abends zu waschen,

95 vgl. Bauer/Schmidbauer (2005): 133

statt morgens, dann wird es ein Problem, wenn ich es im Spätdienst nicht schaffe, alle Menschen zu duschen. Wenn ich als normal definiere, dass man vor der ersten Zigarette etwas gegessen haben muss, dann wird es ein Problem, wenn der stark rauchende Klient morgens lauter werden kann, weil er vor dem Essen eine rauchen will. Es wird anscheinend immer dann ein Problem, wenn ich meine eigenen Vorstellungen ans Leben versuche, anderen Menschen überzuwerfen. Man wird im täglichen Geschäft auf eine Vielzahl von Menschen treffen (und auf sich selber wahrscheinlich auch), die sich Gedanken darüber machen, was für einen Menschen mit Behinderung das Richtige sein könnte. »Der müsste mal ... Der muss doch nur ... Was er braucht, ist ... Bevor wir das machen, muss er aber...« Von solchen Aussagen wird man einige hören. Und das immer wieder. Es geht lediglich darum, dass man Menschen etwas überhelfen will. Zwar ist damit auch helfen gemeint, aber die Art und Weise, wie man hilft, ist dabei definitiv nicht die Richtige. Man macht sich in der Teamberatung, im Alltag und in sämtlichen Nebengesprächen einen Haufen Gedanken darüber, was eigentlich das Richtige wäre und vergisst dabei, die Menschen einzubeziehen, um die es eigentlich geht. Und alles nur, weil man von seinen eigenen Wertvorstellungen nicht abrücken will. Man will halt seinen Stiefel fahren, weil man (vermeintlich) weiß, dass er der richtige Weg ist.

Dabei muss man sich nur mal vorstellen, wie es wäre, wenn über einen selbst so entschieden wird. Wenn ich merken würde, dass ein Haufen Leute sozusagen hinter meinem Rücken über mich reden, sich darüber austauschen, was für mich richtig wäre und dann auf einmal so handeln, ich von alledem nichts weiß und es trotzdem fühlen kann, das muss sich doch schon schräg anfühlen. Im echten Leben wäre das sicherlich ein Fall für den Psychiater und für eine entsprechende Diagnose. »Herr Doktor, die Menschen reden über mich ... Ja, genau.« Und wäre es verwerflich zu sagen, dass man dadurch nicht sogar verrückt gemacht wird (rhetorische Frage, sie wissen die Antwort)?! Und dann wundert man sich, warum im Alltag vieles manchmal einfach drunter und drüber laufen kann. Nun wäre es mir vielleicht noch möglich, einen Teil davon zu verstehen. Also wie solche Absprachen zu Stande kamen und warum dies und das so gemacht wird. Für einen Menschen mit einer geistigen Behinderung, wobei sich diese auch auf das Verstehen auswirkt, ist das schon eine ganz andere Liga. Es ist so, als wenn man Kernphysik als Stoff für die ersten Klassen in den Lehrplan aufnehmen würde. Es wäre einfach unangemessen. Wie gesagt, die meisten Probleme sind einfach hausgemachter Art. Sie werden von den Leuten gemacht, die sich selbst über ihre Auswirkungen beschweren.

Aber hatten wir vor vielen Seiten nicht mal was über #Partizipation oder Mitbestimmung gehört? Da war doch was ... Und das ist auch der Schlüssel zur Lösung. In einem Gespräch mit einem Kollegen waren wir mal an der Stelle einer Fragestellung, dass sich der Satz herausstellte: »Wir haben schon alles probiert.« Dann kam eine besonders lange Aufzählung, was schon alles probiert wurde. Dabei hatte aber nichts davon damit etwas zu tun, dass die Klientin in die Lösungssuche einbezogen wurde. Geschweige denn, dass sie mal dazu befragt wurde. Ihr wurden schlichtweg die im Team besprochenen Verabredungen präsentiert und sofort danach gehandelt. Zwar toll, dass das Team es schafft, sich zu einigen und einheitlich zu handeln, aber wie gehandelt wurde, ist eher fraglich. Die Aussage, dass alles probiert wurde, konnte anschließend wie folgt ergänzt werden: »Wir haben schon alles probiert, außer die Klientin zu fragen, was sie sich wünscht.« Und damit nahm das Ganze einen viel erfolgreicheren Lauf. Mit der Frau wurden dann erstmal ein paar Gespräche geführt. Und auch wenn es lange dauern wird, einem Menschen dabei zu begleiten, seine Ziele zu erreichen bzw. überhaupt erstmal Ziele entwickeln zu können, sind die Ergebnisse umso nachhaltiger, als wenn sie fremdbestimmt werden. Man muss halt davon ausgehen, dass in der Begleitung von Menschen auch deren Vorstellungen der Schlüssel zum Erfolg sind. Auch wenn Stress und Hektik in der täglichen Arbeit dazu verführen, mal schnell was zu übernehmen, kann es sich zu einem Selbstläufer entwickeln. Und dann geht es früher oder später nicht mehr darum, ob ich jemanden mal ausnahmsweise den Teller vom Tisch abräume. Es kann sich schneller dazu entwickeln als gedacht, dass man auch das Denken für jemanden übernimmt.

Problematisch wird es dann an der Stelle, an der die betreffende Person solche Handlungen nicht nur über sich ergehen lässt. Von wegen »Naja, mach du mal«. Es kann sich in der Art dermaßen steigern, dass es völlig normal wird, dass man alles abgenommen bekommt[96]. Einerseits sind vielleicht manche Menschen so gestrickt, dass sie es schnell annehmen, dass andere für einen handeln oder denken. Wiederum andere Persönlichkeitsstrukturen wehren sich gegen solche Verhaltensweisen, und da benötigt es mehr Zeit, dass man den eigenen Willen nachrangig werden lässt. Für andere ist es normal, ihr gesamtes Leben von anderen Menschen organisieren zu lassen. Und dann gibt es noch die, die dagegen ankämpfen. Das geht dann z. B. mit aggressiver Ignoranz. Sie tun keinem durch ihr Handeln weh, sondern ignorieren es einfach. Die machen halt ihr eigenes Ding. Die Menschen, die es jedoch nicht schaffen, sich derartig zurück zu halten, rasten jedoch im wahrsten Sinn einfach mal aus. Das sind dann oft die Klienten, die eigentlich nur zeigen wollen, dass sie selber für sich bestimmen möchten, dies ihnen verwehrt wird und sie keine anderen Möglichkeiten haben, als es über Aggressionen an sich oder Anderen auszulassen. Diese Menschen finden sich dann häufig auf geschlossenen Stationen wieder, da das System es so erlaubt. Eigentlich wollten sie ja nur für sich selber entscheiden. Damit soll jetzt nicht ausgesagt werden, dass solche Stationen überflüssig sind oder Aggressionen nur deshalb entstehen. Es kann im Alltag jedoch sehr oft beobachtet werden, dass diese Form der Frustration entsteht, weil eigene und normale Wünsche versagt werden und den Menschen damit die Chance auf eine Persönlichkeitsentwicklung verwehrt wird.

96 vgl. v. Kardorff (2010): 297

Nun könnte man davon ausgehen, dass solche Verhaltensweisen häufiger nur den alteingesessenen Kollegen unterlaufen. Oft kann man es nämlich genau so beobachten. Frustration führt dann häufig zu Stillstand in der persönlichen Entwicklung[97]. Und das gilt für beide Seiten, ob nun Mitarbeiter oder Klient. Im Umkehrschluss könnte es ja bedeuten, dass die jüngeren Kollegen frischen Wind reinbringen und vieles antreiben. Aber leider nein. Das kann man eben so wenig verallgemeinern wie das Beispiel mit den etablierten Kollegen. Die jüngeren haben es einerseits schwer, da sie auf eine denkbar ungünstige Basis treffen. Das Beispiel der #hospitalisierten Klienten, die schon seit Jahrzehnten in einer Einrichtung leben und es gewohnt sind (oder sein müssen), sich alles abnehmen zulassen, verdeutlicht das. Wie soll man einem Menschen von heut auf morgen verdeutlichen, dass es o.k. ist, eine eigene Meinung zu haben und diese umzusetzen? Zumal dieser Mensch vielleicht noch Einschränkungen in der Aufnahme neuer Informationen hat? Das kann ewig dauern oder noch länger. Weiterhin will man sich als neuer Kollege ja auch nicht gleich unbeliebt machen, indem man bei seinem Einstieg erstmal alles kritisiert. Falls man den Vorgesetzten auf seiner Seite hat, mag das vielleicht noch halbwegs gut gehen, aber ansonsten endet das Arbeitsverhältnis schneller als gedacht. Also bleibt einem ja nur, dass man sich der Masse anschließt und mitmacht. Von »den Alten« lernen heißt dann auch mal das Falsche lernen. Man ist zwar in der Gruppe mit dabei, aber um den Preis, dass den Job auch so gut wie jeder andere machen könnte, der es schafft, durch die Eingangstür zu gehen.

Wie man es auch macht, macht man es falsch. Auch für engagierte Menschen gibt es Momente, in denen diese bei aller Fachlichkeit nicht dazu in der Lage sind, diese umzusetzen. Wenn ich allein schaffen muss, eine Gruppe für den Abend »fertig zu machen«, weil keine Leute da sind, dann kann ich mir am Ende all mein Wissen auch klemmen. Es geht um Personalmangel. Wenn

97 vgl. Schaab (1997): 72

keiner da ist, kann man auch nichts tun. Einfache Rechnung. Ob der Personalmangel nun daher rührt, dass nicht genug Geld dafür vorhanden ist, oder sich einfach nur keiner auf eine freie Stelle bewerben will, kommt aufs selbe raus. Man sollte sich zu Beginn einer solchen Beschäftigung schon mal darauf einstellen, dass man so oder so, die ein oder andere Schicht allein arbeiten wird. Aber woran liegt das nur? Ist es nun das Gehalt, das zu wenig lukrativ erscheint, die Unbekanntheit dieser Berufsgruppen oder das Unwissen, was überhaupt in solchen Wohneinrichtungen passiert? Wer das jetzt liest und vorher noch keine Berührungspunkte mit dieser Thematik hatte, kann ja mal überlegen, ob er wenigstens ansatzweise diese Fragen beantworten könnte. Und es ist nicht mal verwerflich, wenn es mit nein beantwortet wird. Wie auch? Der Beruf des »Heilerziehungspflegers« ist nicht gerade gesellschaftlich großartig bekannt, obwohl Menschen mit einer Behinderung nicht erst seit gestern Hilfe benötigen. Mensch, sogar das Wörterbuch meines Computers unterstreicht es mir rot und will mich damit auf einen scheinbaren Fehler hinweisen. Doch, Siri, das ist richtig so, also Ruhe jetzt. Man muss sich wohl oder übel damit zufriedengeben, dass man in einer recht etablierten, aber dennoch unbekannten Sparte arbeiten wird. Na, schönen Dank auch. Da haben es Ärzte schon einfacher, mit dem Helfen Anerkennung zu finden. Aber darin könnte vielleicht eine Lösung versteckt sein. Warum wissen wir eigentlich fast alle, dass Ärzte besser verdienen werden als Handwerker, wie ein Krankenhaus von innen aussieht oder dass man als Arzt auch nachts arbeiten muss? Weil dieser Beruf einen anderen gesellschaftlichen Status besitzt. Niemand will einen Arzt missen, wenn es ihm wirklich schlecht geht. Jeder wird froh sein, dass Oma nochmal dem Tod von der Schippe gesprungen ist, weil ein Arzt helfen konnte. Und da kann das Ambiente eines Krankenhauses noch so unattraktiv wirken, man weiß so ungefähr, was da passiert und man schätzt diese Arbeit, spätestens dann sogar umso mehr, wenn es einem selbst vielleicht immens geholfen hat.

Wichtig zu wissen ist, dass der gesellschaftliche Wert für eine Berufsgruppe durch die Gesellschaft definiert wird und auch nur durch diese verändert werden kann[98]. Also wie wichtig eine Gesellschaft einen bestimmten Beruf findet. Und auch wenn die Arbeit in einer Einrichtung der Behindertenhilfe sicherlich ein wichtiger Beruf ist, kann die Gesellschaft ihn nicht schätzen, wenn sie ihn nicht kennt oder davor die Augen verschießt. Also Leute: Macht Werbung für eure Arbeitsstelle und für euren Beruf! Dann macht ihr auch Werbung für euch, und das kann sich auf lange Bahn auch auf den Monatslohn und die gesellschaftliche Anerkennung auswirken. »Mami, wenn ich groß bin, will ich ein Heilerziehungspfleger werden.« Vielleicht kommt sowas ja mal.

98 vgl. Franzkowiak, Kuhn (2009): 43

Akzeptanz von Behinderung

So, genug gemeckert. Wer es durchgehalten hat, den letzte Abschnitt zu lesen, und immer noch motiviert ist, in diesem Job (weiter) zu arbeiten, der sei herzlich willkommen. Ja, es wird zwar in der täglichen Arbeit oft stressig sein, weil viel zu tun ist. Und natürlich ist es eine Arbeit mit Menschen. Denn das macht in dem Bereich der Eingliederungshilfe schon besonders was aus. Wenn nicht sogar die Besonderheit schlechthin. Man hat mit Menschen zu tun, die häufig einfach mal besondere Verhaltensweisen an den Tag legen. Die können schon sehr unterschiedlich ausgeprägt sein. Manche so und manche so. Mal mehr und direkt zu benennen und manchmal wieder weniger und nur leicht spürbar. Trotzdem sind es Eigenschaften, die scheinbar auch eine besondere Herangehensweise benötigen und die auch mal extrem nerven können. Ja, Menschen können nerven. Ob sie nun behindert sind oder nicht. Die #Diagnose macht dabei schon ziemlich viel aus. Manche Leute bräuchten eine, um zu erklären, warum sie manchmal so sind, wie sie sind. Und manche haben eine, und man weiß es trotzdem nicht, was das alles eigentlich zu bedeuten hat. Der wichtigste Unterschied wurde mir in diversen Supervisionen regelmäßig in Erinnerung gerufen. »Lernen Sie zwischen Symptom und Verhalten zu unterscheiden.« Dieser Satz kam da ziemlich häufig. Und er war immer ziemlich genau. Wenn man Diagnosen mal im positiven Sinne sieht, hat man da nämlich genau den richtigen Anhaltspunkt. Diagnosen werden anhand von bestimmten Indikatoren (Messgrößen) gestellt. Ein Mensch muss halt dies und das haben, oder es müssen von so und so vielen Punkten eine Mehrzahl erreicht sein, dass eine bestimmte Diagnose zutrifft. Was man auch immer von Diagnosen halten mag, im Punkt der Verhaltensbeobachtung kann man sie durchaus gebrauchen. Was der eingehende Satz meint, ist zu unterscheiden, ob das, was ein Mensch tut, eine Äußerung seiner Behinderung ist oder ob er einfach als Mensch so ist. Ja, auch behinderte Menschen haben ein eigenes Wesen und sind nicht nur Stellvertreter für ihre Diagnosen. Man muss grundlegend festhalten, dass Menschen Individuen sind, mit individuellen Wesensmerkmalen und Verhaltensweisen. Und da, wie gesagt, auch behinderte Menschen ein eigenes Wesen haben, kann es auch gut vorkommen, dass diese Eigenschaften mal angenehmer und mal unangenehmer sein können. Worum es aber eigentlich gehen soll, ist der Unterschied zwischen solchen menschlichen Eigenschaften und Symptomen einer bestimmten Behinderung bzw. Krankheit. So können sich insbesondere die sogenannten seelisch bedingten Diagnosen auch so äußern, dass man sie missverstehen kann. Diese würden dann fälschlicherweise als menschliche Eigenschaft fehlinterpretiert. Und da es dabei meistens um negative Eigenschaften geht, geht es dann auch meistens um die Person, die als negativ wahrgenommen wird oder halt als nervig oder was auch immer. Jedenfalls kann sich diese falsche Interpretation auf die Wahrnehmung eines Menschen auswirken. Und das kann fatale

Folgen haben. Aber das wurde schon an anderer Stelle intensiv beschrieben. Die verzerrte Wahrnehmung einer Person kann jedenfalls dadurch entstehen, dass die Menschen, die es eigentlich besser wissen sollten, nicht wissen, worin der Unterschied zwischen Symptom und Verhalten liegt. Im Sinne der aktuellen BTHG-Sache könnte man sagen, dass Symptome in Krankheitskatalogen (z. B. ICD-10) beschrieben werden, während Persönlichkeitsmerkmale als #personenbezogene Faktoren (ICF – nutzt man jetzt für Umstände von Behinderung) gelten[99] (Sorry, verständlicher gings gerad nicht). Für körperlich behinderte Menschen mag es noch recht einfach sein, das zu erklären. Wenn jemand ein so starkes Leiden im Rücken oder eine Querschnittslähmung hat und etwas nicht aufheben kann, würde ihn deswegen wahrscheinlich niemand als faul abstempeln. Da ist den Menschen meistens klar, dass die Unfähigkeit, etwas vom Boden aufzuheben, ein Symptom der körperlichen Behinderung oder Erkrankung ist. Wer meinen würde, dass es nur Faulheit ist, der würde schief angeschaut werden. Wie gesagt, körperlich bedingte Unterschiede zu erkennen, fällt meistens auch dem Laien leicht. Bei einer geistigen Behinderung wird es dann vielleicht schon etwas schwieriger. Wer von jemandem mit Schwierigkeiten im Lernen verlangt, ein Gedicht auswendig zu lernen, muss sich eigentlich auch nicht wundern, wenn es etwas länger dauern könnte. Bei einer diagnostizierten geistigen Behinderung sind das Lernen bzw. die Fähigkeit zur Erfassung oder Erschließung neuen Wissens erschwert. Eigentlich sollte niemand sagen, dass die jeweilige Person nur keine Lust hat oder sich nur nicht anstrengen will, etwas Neues zu lernen. Leider kommt sowas jedoch auch häufiger vor als gedacht. Eine geistige Behinderung kann man halt nicht so gut sehen wie die Narbe des amputierten Armes. Aber dass es Menschen gibt, die geistig behindert sind und sich das unter anderem auf die Lernfähigkeit auswirkt, ist sicherlich vielen Menschen bewusst. Sobald man es weiß, wird da sicherlich niemand einen großen Hehl draus machen. Eigentlich! Aber

99 vgl. WHO (2005): 22

un-eigentlich passiert das dennoch. Den geistig behinderten Menschen wird manchmal direkt oder hinter vorgehaltener Hand vorgeworfen, dass sie sich nur mal richtig anstrengen sollten und dann wird das schon. Aha?! Ich muss also nur können. Und wenn das können nicht geht? Dann is mal schlecht. Ein Punkt, auf dem man in der täglichen Arbeit echt aufpassen muss, denn er kommt häufig vor. Insbesondere, dass vorausgesetzt wird, dass es oftmals am Nichtwollen liegt, wobei es jedoch das Nichtkönnen ist. Was allerdings die Königsdisziplin ist, ist der Unterschied zwischen Symptom und Verhalten bei seelischen Behinderungen. Also die ganzen Psycho-Krankheiten und so. Borderline, Schizophrenie oder Depression usw. Und ich habe auch nicht den Anspruch, hier alle seelischen Einschränkungen genau zu beschreiben und darzustellen, was die jeweilige Behinderung definiert. Das kann man in anderen Büchern super nachlesen[100]. Oder man schaut direkt in die sogenannten #Klassifikationssysteme wie DSM oder ICD. Das sind sozusagen riesige Tabellen, in denen Krankheiten beschrieben werden. Und vor allem, was sie definiert. Es wird sicherlich nicht möglich sein, alle nur schnell auswendig zu lernen. Deshalb schlage ich vor, dass man sich Stück für Stück, Diagnose für Diagnose vornimmt, anhand der Menschen, die man in der täglichen Arbeit antrifft. So kann man sich einerseits gleich die Erkenntnisse besser merken und weiterhin die Menschen und deren Symptome besser verstehen. Ebenfalls kann man bei den Kollegen und in Berichten super darstellen, warum man eine Fachkraft ist.

Insbesondere die Menschen mit einer seelischen Behinderung haben es in diesem Hinblick besonders schwer. Viele Diagnosen sind dem Volksmund vielleicht bekannt, aber was sie zu bedeuten haben? Das wissen halt die wenigstens, und manche können es höchstens erahnen. Es kommt leider sogar so dick, dass bestimmte Diagnosen in der Gesellschaft komplett falsch dargestellt werden. Wie war das mit der Schizophrenie? Nahezu jeder ohne Fachkenntnis scheint sich darunter vorzustellen, dass man mehrere

100 siehe dazu auch Bandelow (2011)

Persönlichkeiten in sich trägt. Wer da mal nachforscht, wird erstaunt sein. Und so oder so ähnlich ist es bei vielen psychiatrischen Diagnosen. Man muss dem Ottonormalverbraucher nicht böse sein, wenn er sowas nicht weiß. Das erfordert schon eine Menge Forscherdrang. Wenn es allerdings Fachkräfte nicht in der Ausbildung lernen oder sich darüber hinaus nicht weiterbilden (können), worin der Unterschied besteht, läuft etwas falsch. Ich will gar nicht sagen, dass ich alles weiß, auch wenn ich in diesem Bereich schon eine Weile tätig war. Es erfordert halt eine gewisse Motivation, von sich selbst und vom jeweiligen Träger, seine Leute dahingehend fit zu machen. Denn man kann ohne dieses Wissen schon ziemlich frustriert werden. Bestimmte Verhaltensweisen können einem im Laufe der Zeit sicher immer mehr und mehr auf den Zünder gehen. »Das macht der doch mit Absicht«. Ja, das kann man schnell denken. Wenn einem jedoch bewusst wird, dass manche Verhaltensweisen einfach nur die Diagnose ausmachen, kann man vieles schon viel entspannter sehen. Man wird gelassener und senkt auch automatisch seinen eigenen Anspruch, den man wohl oder übel oftmals mit im Gepäck hat. Und da Gelassenheit eine so wichtige Eigenschaft ist … so kann man sie dadurch auch erlernen.

Wie schon deutlich geworden ist, geht es auch um #Akzeptanz. Eine Akzeptanz, dass manche Dinge einfach so sind, wie sie sind. Und das kann ebenfalls auch nach sich ziehen, dass man es akzeptiert, wenn eine Entwicklung scheinbar nicht mehr möglich ist. Wir haben auf der Arbeit häufig den olympischen Gedanken im Hinterkopf: höher, schneller, weiter. Das zählt aber nicht wirklich im Alltag. Jedenfalls nicht in diesem Ausmaß. Natürlich muss es in irgendeiner Art weiter gehen, was die Entwicklung eines Menschen angeht. Irgendwas muss man ja schließlich auch vorweisen, dass man die Arbeit weiterhin bezahlt bekommt. Aber man sollte akzeptieren, dass irgendwann auch einfach mal Schicht im Schacht ist. Man hat ja selber auch nicht immer Lust, ständig an sich zu arbeiten, neue Dinge zu lernen oder sich von morgens bis abends neue Herausforderungen zu stellen. Am Ende des Tages wollen viele Menschen auch einfach nur auf der Couch liegen und in die Röhre schauen. Und das ist in Ordnung. Es ist o.k., da man auch einfach mal das normale Leben nicht aus den Augen verlieren sollte. Menschen wollen auch mal ihre Ruhe, was vollkommen in Ordnung ist. Bezüglich des Themas zur Finanzierung der Arbeit, liegt es dann an den sogenannten Fachkräften, diesen Normalzustand per #Bericht entsprechend zu beschreiben. Denn darüber kommt am Ende das Geld bei rum, von dem man bezahlt wird. Man muss dabei natürlich auch anmerken, dass es für manche Menschen auch ein Teil von Entwicklung sein kann, wenn sie überhaupt die Fähigkeit haben, sich entspannen zu können. Für viele stellt es nämlich eine enorme Herausforderung dar. Der besagte permanente Leistungsdrang oder -druck lässt einen Menschen in diesem System (ob nun Klient oder Mitarbeiter) auch denken, dass die Welt so tickt. Wenngleich bei vielen abends natürlich die Welt auch ganz anders aussieht. Es sollte klar sein, dass es auch normal ist, wenn ein Mensch auch mal keine Lust mehr hat, permanent an sich zu arbeiten. Hinzu kommen die Menschen, die es einfach nicht mehr schaffen, sich im regulären Sinne weiter zu entwickeln. Im Alter dreht sich das nochmal gewaltig um. Auch Menschen mit einer Behinderung altern und unterliegen den ganz normalen Prozessen, wie jeder andere Mensch auch. Jeder kommt in seinem Leben mal irgendwann an dem Punkt an, dass der Körper oder der Geist es nicht mehr zulassen, was früher ganz normal war. Irgendwann geht es dann primär darum, nicht zu versauern oder sich aus Angst einzurollen. Es ist dann eine Herausforderung und zugleich eine Entwicklung, dass man weiterhin auch im Rahmen der Eingliederungshilfe an sich arbeitet, sodass es so bleibt, wie es ist. Der sogenannte #Erhalt der Fähigkeiten ist dann das Stichwort. Um weiter ein Teil der Gesellschaft zu sein und entsprechende Erfahrungen zu machen, muss man halt bestenfalls vor die Tür. Wenn dann im Alter die Angst vor der vereisten Straße dazu kommt und man vom Ausrutschen nicht nur einen blauen Fleck davonträgt, sondern eine gebrochene Hüfte, dann ist das doof. Und wenn man dann noch geistig behindert ist und unter

Umständen nicht nachvollziehen kann, was mit einem los ist = doof Nummer zwei. Man sollte also irgendwie da ran, dass es nicht so weit kommt. Und das erfordert individuelle Lösungen, Einfühlungsvermögen der Mitarbeiter und natürlich Lust und Verständnis der Menschen, um die es geht. Man kann es natürlich nicht einfach messbar machen, dass man die und die Maßnahme umsetzt, dass der Körper nicht allzu schnell abbaut. Woher soll man es auch wissen? Da kann man eigentlich nur an den Verstand der Sachbearbeiter oder bestenfalls Sozialarbeiter des bezahlenden Amtes appellieren, dass diese die Hilfe auch weiterhin bezahlen. Wenn das schon schwierig klingt, dann wird es erst recht interessant, wenn der Punkt kommt, an dem die älteren Herrschaften der Klientenschaft auch mal chillen wollen. Denn ja, alte Menschen haben auch ein Recht darauf, mal nichts zu tun. Diesen Sachverhalt dann in einem Bericht zu verdeutlichen ist schon echt schwierig, wenngleich es auch eigentlich ein normaler Zustand ist. Leider kann dies auch missverstanden werden, und dann ist der Weg in die Pflege nicht mehr weit, obwohl eigentlich noch die Eingliederungshilfe (wegen gesellschaftlicher Teilhabe) dran wäre. Es ist also normal, auch mal nichts zu tun, ob nun behindert oder nicht. Es ist nur die große Kunst, es per Bericht an den Kostenträger auch zu verdeutlichen. Es bleibt ein Fakt, dass die inhaltliche Form, wie man einen Bericht schreibt, essenziell für den weiteren Verlauf einer Hilfe ist.

Mal abgesehen vom Alter eines Menschen oder der jeweiligen symptom- oder verhaltensbedingten Art und Weise, die ein Mensch an den Tag legen kann, kann es manchmal auch vorkommen, dass man einfach sprachlos ist, was die Entwicklung angeht. Wenn man vom Vorgesetzten oder dem Amt kurzfristig gefragt wird, was sich bei einem Menschen in der letzten Zeit verändert hat, dann ist man meistens sprachlos. Auch wortgewandte Menschen kommen dann schnell ins Rudern. Es liegt für gewöhnlich jedoch daran, dass man nicht nur gefragt wird, wie es bei einem Klienten so läuft. Man ist damit ja sozusagen gedrungen, einen Verlauf von gerne auch mehreren Jahren zu verdeutlichen, der von extrem vielen Einflüssen geprägt ist und diverse Lebensbereiche umfasst. Selbst wenn man daran denkt: »Ja, was hat sich denn so getan?« bleibt es schwierig. Sobald man allerdings dem Gesamtprozess in kleinen Schritten auf die Spur geht, wird man schon leichter fündig. An der wohl wichtigsten Stelle, also der Berichtserstellung, wird es zum Glück auch deutlich. In einigen Landkreisen hat man (zumindest aktuell noch) das sogenannte #HMBW-Verfahren. Dabei steht HMBW für »Hilfebedarf von Menschen mit Behinderung im Bereich Wohnen«[101]. Manche nennen es auch einfach das #Metzler-Verfahren., was auf die Begründerin (Frau Heidrun Metzler) zurückgeht. Den genauen Ablauf schaut man sich am besten mal in der Praxis an, denn das ist sicherlich leichter, als es in Schriftform zu erklären. Jedenfalls sind in diesem Verfahren 34 Punkte aufgeführt, in denen abgefragt wird, ob ein Mensch etwas kann, nicht kann oder dabei Hilfe braucht. Da gibt es Punkte wie Einkaufen, Wäsche waschen, soziale Kontakte pflegen und so weiter. Wenn man sich dann in einem Bericht an den einzelnen Punkten entlang hangelt, diese beschreibt und verdeutlicht, was sich in der letzten Zeit bei einem Menschen in den einzelnen Bereichen getan hat, erfährt man Stück für Stück mehr. Nimmt man sich dann aus jedem Punkt die wichtigsten Merkmale der Veränderung heraus, dann hat man schon was in der Hand, um aussagefähig zu sein, was die Entwicklung eines Menschen angeht. Es ist klar, dass man bei der Betrachtung eines Menschen in seiner Gesamtheit natürlich Schwierigkeiten bekommt. Wer das nicht so sieht, hat entweder das eben benannte Verfahren umgesetzt oder ist fälschlicherweise von sich und seinen vermeintlichen Fähigkeiten zu sehr überzeugt. Es geht darum, den Gesamtprozess deutlich zu machen, indem man auf die kleinen Unterschiede aufmerksam macht. Genau um diese geht es nämlich. Wenn man dennoch in die beklemmende Lage versetzt wird, schnell über einen Menschen urteilen zu müssen, sollte man sich dennoch Zeit einräumen. Denn sonst

101 siehe dazu auch [http://elearn.hawk-hhg.de/projekte/148/pages/umsetzung/leitfaden.php] (Zugriff am: 1.7.2020)

kann es auch schnell geschehen, dass man in die Falle tappt, sich von den überschattenden Eigenschaften blenden lässt und falsche Aussagen tätigt. Aber das hatten wir ja schon (#Halo-Effekt). Außerdem wirkt es auch professioneller, sich für sowas Wichtiges auch entsprechend Zeit einzuräumen.

Wie gesagt, kann man aktuell noch in einigen Bundesländern das Metzler Verfahren anwenden. In nicht allzu ferner Zukunft wird dies dann von einem #ICF-orientierten Verfahren abgelöst. Wem das nichts mehr sagt, der blättert entweder zurück zum sechsten Abschnitt oder liest hier weiter, was es noch für Möglichkeiten gibt. Das Metzler Verfahren hat den Nachteil, dass es recht stark auf die Defizite eines Menschen ausgelegt ist. Also jene Dinge, die ein Mensch nicht kann. Was das ICF-orientierte Verfahren angeht, ist es echt schon ein riesiger Brocken. Notwendig ja, aber Spaß klingt anders.

Eine weitere Betrachtungsweise, mit der man (zwar nicht offiziell) an die Sache heran gehen kann, ist die Entwicklung von #Resilienz. Wieder mal ein Wort, das Siri nicht kennt, aber o.k. Es ist kurz gesagt das Gegenstück zur sogenannten #Vulnerabilität. Aha?! Man kann das zweite schwierige Wort auch mit »Verletzbarkeit« übersetzen. Damit ist nicht gemeint, dass man einem Messerkampf mit offenen Armen entgegenrennt, aber man kommt der Sache damit schon näher. Es geht um die innere Verletzbarkeit, also, wie leicht man durch äußere oder innere Einflüsse aus der Bahn geworfen werden kann. Resilienz beschreibt also nun im Umkehrschluss, wie stark man gegenüber anderen Reizen ist[102]. Man könnte sagen, dass es die innere Stärke betrifft. Eigentlich eine feine Sache, wenn man stark und selbstbewusst ist. Niemand kann mir etwas anhaben. Ich bin der König der Welt. Oh ... vielleicht doch etwas zu viel (in Richtung Manie). Jeder wird wohl zustimmen, dass ein hoher Wert an Resilienz (also innerer Stärke) gut dafür ist, um im Leben zu bestehen. Da es dabei aber leider auch keine Creme gibt, die man sich auftragen kann, um das zu

102 vgl. Bengel/Lyssenko (2012): 7

ändern, haben schlaue Menschen zehn Punkte zur Entwicklung von Resilienz beschrieben. Diese wurden dann ins Deutsche übersetzt, sodass wir auch was davon haben.

> »Verbinde dich mit anderen Menschen.
> Vermeide es, Krisen als unüberwindliche Probleme zu betrachten.
> Akzeptiere, dass Veränderungen einfach zum Leben gehören.
> Verfolge deine Ziele.
> Triff Entscheidungen, die einen Unterschied machen.
> Suche nach Möglichkeiten der Selbsterfahrung.
> Pflege ein positives Selbstbild.
> Vermeide das Bagatellisieren und das Dramatisieren.
> Bewahre dir einen gesunden (aber nicht blinden) Optimismus.
> Gib auf dich selbst acht.«[103]

Diese zehn Punkte kann man super in der täglichen Arbeit einbauen. Es geht nicht darum, dass man diese Sprüche auswendig lernt, um beim Vorgesetzten einen guten Eindruck zu hinterlassen. Es zählt jedoch, dass man in seinen täglichen Entscheidungen auf diese Grundlagen bauen kann, wenn es einem lieb ist, dass die Klienten Resilienz entwickeln. Oh, da haben wir es mal wieder: #Selbstreflexion. Man muss überlegen, wie es sich anfühlt, wenn man selber resilient ist bzw. wenn man sich stark oder selbstsicher fühlt und welchen der benannten Punkte man es verdanken würde. Fühlt man sich jedoch eher schlechter und verletzlich, kann man die zehn Punkte auch mal ins Gegenteil umkehren und schauen, ob sie dann auf einen zutreffen. So könnte man entweder die Gründe finden, es ist dann die Anleitung zum Unglücklichsein. Wenn man dann noch die Sichtweise der Klienten im Blick hat und sich überlegt, wie es ihnen wohl geht, wie verletzlich oder stark sie innerlich sind, kommt man vielem auf die Spur. Es ist einfach eine tolle Grundlage, mit der man zusammen mit Klienten (oder auch sich selbst) die Entwicklung von innerer Stärke voranbringen kann. So kann man sich auch gern die einzelnen Punkte vornehmen und natürlich individuelle Möglichkeiten daraus ablei-

103 APA in Ochs/Orban (2008): 159

ten. Ebenfalls bieten sie auch für Gespräche eine tolle Grundlage. Wenn man es gut anstellt und sein Gegenüber sich darauf einlässt, hat man Gesprächsstoff für mindestens die nächsten zehn Termine. Und wenn man nur eine kleine kreative Ader hat, kann man durch jeden Punkt und dessen Ausgestaltung einem Menschen dazu verhelfen, sich besser zu fühlen.

Und wenn es einem Menschen in dieser Hinsicht besser geht, hat man doch schon eine ganze Menge erreicht. Man sollte sich immer im Umkehrschluss überlegen, wie es Menschen gehen mag, die wenig soziale Kontakte haben, für die kleine Probleme schon eine riesige Hürde darstellen und die nicht für sich selber einstehen können. Denn so sind soziale Kontakte die nährreichste Quelle für die Entwicklung von Resilienz[104]. Natürlich mag es bei manchen Menschen auch einfach nicht möglich sein, mit diesem Punkte über ein Gespräch etwas zu erreichen. So gibt es Ausprägungen von seelischen Behinderungen, die dies nahezu unmöglich machen. Da gehört es zum Krankheitsbild, in bestimmten Phasen oder dauerhaft alles nur schwarz sehen zu können. Bedenkt man jedoch die vielen Menschen mit geistiger Behinderung, die Tag für Tag nur in den Wohnstätten abwarten, für die es wenig unterschiedliche Reize oder Anforderungen gibt. Für diese Menschen macht selbst der kleinste Schritt in diese Richtung einen großen Unterschied aus.

Und es ist mal wieder so, dass man auch diese Sätze, wie viele andere Methoden auch, nicht nur auf die sogenannten Klienten anwenden kann, sondern auch auf sich selbst. Das wurde ja bereits angeschnitten. Allerdings kann man diese Sätze auch darauf anwenden, wie man die tägliche Arbeit sieht. Und da wir uns ja in einem Abschnitt befinden, der sich vorwiegend mit der Akzeptanz von Behinderung beschäftigt, schließen wir doch gleich auch damit ab. Wenn ich die Sätze im Zusammenhang damit betrachte, dass ein Mensch vielleicht scheinbar nichts mehr erreichen kann,

104 vgl. Bauer A., und Schmidbauer W. (2005): 215

könnten sie mir auch helfen. Im Sinne der Sätze zur Resilienzbildung könnte ich z. B. folgendes machen:
Ich könnte mit anderen Menschen darüber reden, wie ich mich damit fühle, dass jemand nicht weiterkommt.
Ich könnte überlegen, ob es vielleicht auch nur eine Phase ist, die sich länger als gewohnt anfühlt.
Ich könnte versuchen zu akzeptieren, dass Stagnation (Stillstand) irgendwann einfach dazu gehört.
Ich könnte meine Ziele überdenken und dann neu verfolgen.
Ich könnte etwas mal ganz anders machen und schauen, was sich tut.
Ich könnte das Thema in einer Supervision besprechen.
Ich sollte wissen, dass es nicht an mir liegt, wenn ich zwar alles richtig mache, aber jemand dennoch nicht weiter will oder kann.
Ich sollte das Thema nicht größer oder kleiner machen, als es ist.
Ich sollte an das Mögliche hoffen und nicht an das Unmögliche.
Ich sollte auch mir selbst mal etwas Gutes tun.

Der Weg zur Veränderung

Nach dem vielen Meckern und Murren sind wir nun an einem Punkt, der sich ausschließlich mit Veränderung beschäftigen soll. Was muss man tun, dass man den ganzen Rest, der bisher geschrieben steht, auch mit Leben füllen kann? Was muss man tun, dass etwas anders und vor allem besser wird? Es wurde hoffentlich deutlich, dass es neben der so oft besagten Selbstreflexion um die Entwicklung von #Haltung geht. Also die Art, wie man sich gegenüber bestimmten Fragestellungen positioniert. Die große ethische Frage, die im beruflichen Alltag an so vielen Stellen auf einen wartet. Manchmal im Tarnumhang, manchmal auch ganz offensichtlich. Egal wie, man wird auf sie stoßen und sollte sich gerade machen, dass man ihr mit all seinem Wissen und mutig gegenübersteht. Haltung kann sich entwickeln, das steht außer Frage.

Zumindest sollte es so aussehen, dass man auf Grund einer gewissen Haltung handelt. Wer keine hat, kann ja halt so tun als ob. Ein paar Möglichkeiten, wie man etwas anders machen kann, seien in den folgenden Zeilen nun beschrieben.

Es klingt vielleicht paradox, aber um etwas grundlegend anders zu machen, sollte man eigentlich nur das machen, was gemacht werden muss. Aha? Also das, worum es eigentlich nur geht, die sogenannte #primäre Aufgabe. Oft ist es so, dass der berufliche Alltag überschattet ist von Nebenaufgaben, die nicht direkt damit etwas zu tun haben, was man eigentlich machen sollte. Eigentlich sollte es aber in Bezug auf diese primäre Aufgabe genau andersherum laufen[105]. Menschen soziale Teilhabe ermöglichen, die Auswirkungen von gesellschaftlichen Behinderungen beseitigen und eine individuelle Lebensführung ermöglichen, könnte man als die primären Aufgaben in der Eingliederungshilfe beschreiben. Je nachdem, was in der Rechtsprechung gerade als hip angesehen wird, kann man die Aufgabe der Eingliederungshilfe auch nachlesen[106]. Egal, was man tut, es sollte darauf abzielen, dass man sich in irgendeiner Form mit den Menschen beschäftigt, um die genannten Ziele zu erreichen. Natürlich können die entsprechenden Maßnahmen sehr unterschiedlich sein und sind definitiv nicht zu vereinheitlichen. Aber der Alltag lehrt, dass man mit weitaus mehreren Dingen beschäftigt sein wird, die zumindest gefühlt rein gar nichts damit zu tun haben. Da muss man dann am Computer sitzen und irgendwelche Bestellungen machen, Schreibkram erledigen oder Dinge besprechen, von denen am Ende leider doch nichts umgesetzt wird. Wenn es richtig blöd läuft, hat man an manchen Tagen überhaupt keinen Kontakt mit den Klienten, sondern ist nur damit beschäftigt, den Laden zusammen zu halten, und man ist noch nicht mal der Chef, für den es vielleicht noch normal wäre, so zu handeln. Es zeichnet sich ab, dass im beruflichen Alltag häufig solche Aufgaben umgesetzt werden, die sich entweder so eingeschli-

105 aktuell im § 90 des SGB IX

106 vgl. Abelmann (2005): 44

chen haben oder einfach mal notwendig sind. Im schlimmsten Fall beides gleichzeitig. Worauf ich aber eigentlich hinaus will ist, dass man sich im Gewirr der täglichen Sonderaufgaben irgendwann nicht mehr vorkommt, wie ein HEP, sondern eine Mischung aus diversen Berufen, die man eigentlich gar nicht werden wollte. Um den inneren Frust zu umgehen und den Menschen durch direkte Handlungen zur Seite zu stehen und halt richtig zu helfen, muss man sich auf die grundlegende (oder halt primäre) Aufgabe ausrichten. Also weg vom Schreibtisch und hin zum Menschen. Das wäre auch eine gute Grundlage, wenn es in der Dienstberatung mal wieder heiß her geht. Allerdings müssen sich die sogenannten »Entscheider« die Frage nach der primären Aufgabe eher stellen, sodass sie an der Basis auch fühlbar wird. Dies funktioniert durch Kommunikation, Motivation und Kontrolle[107]. Auch wenn Kontrolle vielleicht etwas hart klingt, gehört es dazu und kann ja auch gern schön verpackt sein und dann schon ganz anders rüberkommen.

Es ist und bleibt ein schwieriges Thema, insbesondere wenn man den Vorgesetzten davon überzeugen muss. Das man also »nur« die primäre Aufgabe umsetzen soll, ist wahrscheinlich leichter gesagt als getan. Aber es stellt auch eine Chance dar, sich mal wieder auf das zu fokussieren, worum es eigentlich geht. Man sollte nicht die eigene Routine leben, sondern die der Klienten. Allein herauszufinden, worum es einem Menschen geht, ist dabei ein wichtiger Teilschritt auf dem Weg zum Ziel. Natürlich ist es auch wichtig, dass man Menschen hat, die vordenken, planen, dokumentieren, beantragen und so weiter. Aber auch der beste Plan bringt nichts, wenn er nicht umgesetzt wird. Erst wenn die ganzen Pläne und Schreibtisch-Arbeiten wirklich mit dem echten Leben gefüllt werden, dann machen sie eigentlich auch erst Sinn. Und auch nur dann, wenn sie umgesetzt werden, weil es einen benötigten Teil der Hilfe darstellt, der bestenfalls auch vom Klienten benötigt und gewünscht werden. Es sollte kein Schriftstück sein, das

107 vgl. Stahl (2012): 323

als Plan B in der Schublade auf seinen Einsatz wartet. Prinzipiell wäre es dabei wichtig, dass der Klient beim Erarbeiten bestimmter Pläne dabei ist und mitwirken kann. Nicht nur im Sinne der Partizipation, sondern so wird es bestenfalls auch erst sichtbar, ob bestimmte Vorhaben überhaupt einen direkten Sinn in der Arbeit haben. Wie gesagt, es sind nicht alle Stellen unwichtig, die fernab der Klienten arbeiten. Manche sind indirekt dennoch hilfreich oder müssen einfach sein, weil es das Gesetz so vorgibt. Wenn solche Aufgaben jedoch Überhand nehmen, obwohl sie es eigentlich nicht wirklich müssten, dann ist was faul. Natürlich arbeitet man in den meisten Arbeitsfeldern schon in irgendeiner Art von Team, jedenfalls arbeitet man mit Menschen zusammen. Und gemäß dem Falle, dass ich es noch nicht gesagt habe: Es gibt Kollegen, die nicht für den Job brennen. Es gibt Kollegen, die eigentlich nicht mal einen inneren Funken dafür und keinen Bock darauf haben, was sie da täglich tun. Oder die, die eigentlich nur die letzten Jahre bis zur Rente absitzen wollen, ohne sich dabei allzu viel Arbeit zu machen. Und mit denen hat man häufig besonders viel zu tun. Sie vollziehen ihre Arbeit in einer solchen Routine, dass man denken könnte, man arbeitet am Fließband. Ich will diese Menschen nicht schlecht machen. Sie sind keine schlechten Menschen, die sind meist nur fehl am Platz in einer solchen Arbeitsstelle. Die Routine ist der Feind. Das habe ich woanders schon mal geschrieben. Dennoch gibt es bei den besagten Kollegen auch gute Seiten, von denen man in der täglichen Arbeit profitieren kann. Zum einen ist es die Erfahrung. Leider oft nicht unbedingt die fachliche Erfahrung, aber was die #Biographiearbeit angeht, da ist viel zu holen. Wer lange dabei ist, der hat zumeist eine ganze Menge erlebt. Diese Kollegen kennen die Klienten oft noch aus ganz anderen Zeiten. Wenn ein Mensch auf Grund des Alters irgendwann nicht mehr so kann (und das kann manchmal auch das Sprechen sein), dann ist guter Rat teuer, da es im täglichen Umgang schwierig werden kann. Wenn sich ein Mensch nicht mehr äußern kann, kann es von Vorteil sein, dass es jemand für ihn tut, da er ihn kennt. Den alten und scheinbar mies gelaunten Opa, der früher immer Schwarzbrot zum Frühstück gegessen hat, braucht man kein Weißbrot hinlegen und sich dann wundern, warum man es ins Kreuz geworfen bekommt. Die alten Raucher, die nicht mehr fit genug sind, eine paffen zu gehen, könnte man (auch wenn es natürlich gesundheitlich fragwürdig ist) in der Pause auch mal mit vor die Tür nehmen, um eine rauchen zu gehen. Man wird sich wundern, wie schnell die Stimmung wieder steigen kann, wenn alte Verhaltensweisen erlebt werden können. Worum es geht ist, dass die älteren Kollegen, die schon lange dabei sind, halt über mehr aus der Vergangenheit eines Menschen sagen können, da sie ihn halt auch länger erlebt haben. Wenn dieses Wissen dann auch entsprechend Anwendung findet, ist es definitiv ein Vorteil, solche alten Hasen im Team zu haben. Ein weiterer positiver Punkt ist, dass die besagten Kollegen nicht nur die Menschen kennen, sondern auch das Unternehmen. Wer lang dabei ist, hat halt auch in der Bude, in der man arbeitet, schon viel erlebt. Da kann es schon sein, dass die älteren Kollegen mit dem aktuellen Vorgesetzten des Vorgesetzten früher schon mal zusammen die Spätschicht gerockt hat. Und wenn man mit der Chefetage auf DU ist, dann lässt sich das ein oder andere sicherlich schon leichter besprechen. Es kann also nur von Vorteil sein. Es gibt natürlich auch Einrichtungen, die sehr groß sind und zum Teil undurchsichtige Strukturen haben. Um dort überhaupt im Ansatz durchzusehen, braucht man manchmal schon ein bis zwei Jahre. Oder man hat halt den alten Hasen, der einem sagt, wen man wegen was ansprechen muss, wo man was bekommt oder zu wem man lieber sehr freundlich »Hallo« sagen sollte. Ohne jetzt besonders klischeebehaftet zu sein, haben die erfahreneren Kollegen oftmals auch eine gewisse Ruhe. Und bei all dem Enthusiasmus, den man so haben kann, ist es dennoch gut, auch mal eine Situation gelassener zu sehen. Es bleibt also dabei, dass ein richtiges Team auch nicht nur aus den sogenannten »jungen Wilden« bestehen sollte. Es muss eine Gruppe sein, die unterschiedliche Erfahrungen hat, sei es im fachlichen Bereich oder einfach von der Berufserfahrung her. Wichtig ist dabei jedoch immer, dass die

Gruppe auch gut miteinander kann[108]. Wenn das geht, wenn also jeder dem anderen zuhören kann und bereit ist, voneinander zu lernen, dann kann es auch erst etwas werden mit der Teamarbeit.

Ein weiteres Problem (jedenfalls noch) ist es, wenn man aus einer #Fortbildung kommt. Wie jetzt? Lernen ist doch nicht gut? Nein, nein. Man soll schon zu Fortbildungen usw. gehen. Doch sehr häufig ist es so, dass man den neuen Input bekommt, bestenfalls noch während der Fortbildung total davon überzeugt ist und sobald man wieder in den Alltag kommt, alles über Bord schmeißt bzw. schmeißen muss. Die Routine hat einen wieder und alles, was bleibt, ist vielleicht noch ein netter Gedanke, an das Erlernte oder das Zertifikat. Ebenso geht es in manchen #Teamberatungen ab. Man hat vielleicht mal ein Thema, wobei ausnahmsweise mal alle einer Meinung sind, kommt zurück in den Alltag, und weg ist es. Man hat an sich zwei Varianten, man kann eine Sache komplett umsetzen und den gesamten alten Kram über Bord werfen (was eher selten bis nie geschieht). Oder, man kann einen gemeinsamen Nenner suchen und darin ganz gezielt einen oder mehrere kleine Schritte verabreden. Die Devise heißt dabei: Lieber weniger als gar nichts. Es muss nicht unbedingt alles von heute auf morgen grundlegend geändert werden, allerdings muss jede größere Änderung einen Anfang haben. Und da sollte man zusammen ganz konkret verabreden wie. Ich sitze halt mit meinen Kollegen zusammen, und auch wenn wir uns einig sind, dass sich etwas ändern muss, sollte man das Wie nicht vergessen. Und wenn es nur bedeutet, dass man beim Zubereiten des Abendessens in der Spätschicht die Wurstteller nicht mehr in Stellvertretung vorbereitet, sondern mit den Klienten zusammen. Es benötigt einen kleinen Schritt, der verinnerlicht wird, dann fällt der nächste Schritt umso leichter. Es total zu verändern, würde alle weiteren Personen wahrscheinlich auch oftmals nur überfordern. Und damit hat dann keiner was gewonnen. Woran man natürlich auch immer denken muss ist, dass man sich nach einer gewissen Zeit zusammensetzt

108 vgl. DBSH (2014): 26

und schaut, ob es denn auch bei der kleinen Verabredung geblieben ist, also ob sie auch umgesetzt wurde.

Wenn nicht, sollte man schauen, was getan werden muss, dass es umgesetzt werden kann. Übrigens ist die Suche nach dem Warum nicht wirklich förderlich. Häufig verfängt man sich dann nur in gegenseitigen Vorwürfen und hat wieder mal nichts davon. Also: positiv denken und ran an den Speck, ja wir schaffen das! Man sollte halt immer im Kopf haben, warum man sich mal auf die oder die Verabredung eingelassen hat. Es geht nicht ums persönliche Ego oder wer am überzeugendsten gesprochen hat, sondern um die Menschen.

Nun geht es natürlich sehr viel um die Arbeit, aber nun soll es mal kurz privat werden. Denn das kann sich auch auf die Arbeit übertragen. Es geht schlichtweg um den privaten Ausgleich. Wenn man sich nur mächtig fühlt, weil man auf der Arbeit die Klienten schikanieren kann, zu Hause aber die totale Wurst ist, dann sollte man was daran ändern. Natürlich sollte man sich der ganzen Sache erstmal bewusstwerden, was schwierig genug ist. Und wenn man es auch nicht weiß, dann sollte man halt vorsorglich was dagegen tun. Das heißt, man zieht mal wieder die Laufschuhe an, trifft sich mit Freunden, verabredet sich oder malt halt ein schönes Mandala aus. Ganz egal, was auch immer einem gut tut, man sollte sich immer auch Zeit für sich nehmen und das tun, was einen entspannt. Oder was auch immer seinem kleinen Mann im Kopf dazu hilft, im Beruf die Klappe zu halten. Auch wenn es das #Helfersyndrom ist, das einen antreibt, aber wie auch schon beschrieben, im Alltag echt unangebracht sein kann, dann sollte man es im privaten irgendwie anders ausleben. Bestenfalls kann man auf der Arbeit eine echte Hilfe sein und nicht nur helfen, um sich selber besser zu fühlen. Wer es richtig wissen will, spricht mit anderen Menschen darüber oder holt sich bestenfalls noch die Hilfen von einem Profi dazu. Das wäre vielleicht etwas viel verlangt, aber so würde man dem ganzen Mal richtig auf den Zahn fühlen können.

So viel dazu. So viele Worte, um jetzt dazu zu kommen, dass es auch manchmal einfach gut sein kann, nichts zu sagen. Es geht ums #Zuhören und nicht nur stets und ständig mit seinem fachlichen Wissen zu glänzen. Natürlich ist es schön (fürs Ego), stets die vermeintlich richtige Antwort zu wissen und damit Menschen vielleicht sogar helfen zu können. Aber man muss auch mal davon absehen und sich selbst zurücknehmen, denn so haben andere Menschen auch genug erlebt und genug zu sagen (dies wird auch als Haltung des Nicht-Wissens benannt)[109] Besonders in Beratungssituationen kann dies schwierig werden. Da klagt jemand sein Leid, und man hat nichts Besseres zu tun, als nur mit seinen Ideen zu kommen, obwohl es eigentlich nur darum ging, jemandem seinen Kummer zu erzählen. Menschen können mit unterschiedlichen Hintergründen (bzw. #Rollen) an einen herantreten. So unterscheidet man zwischen Besuchern, Klagenden und Kunden[110]. Jeder Einzelne möchte dabei etwas anderes und hat andere Erwartungen. »Der Besucher« muss sozusagen vorbeikommen, da er für gewöhnlich von jemand anderem geschickt wird. Paradebeispiel ist dabei der Mann, der von seiner Frau wegen einer Ehekrise zum Therapeuten muss. Dass er beim Beratungssetting nicht unbedingt voll dabei ist, kann man durchaus nachvollziehen. »Der Klagende« will vielmehr sich in seiner Position als Opfer in einem größeren Prozess beschreiben und erwartet, dass die Hilfe nicht durch ihn kommt, sondern jemand von außen sich um diese Umstände kümmert. »Der Kunde« ist der, der sich bei der Lösungssuche und der Umsetzung aktiv einbringt. An manchen Stellen wird noch von mehr Rollen gesprochen, aber soweit erstmal dazu. Es gibt jedenfalls eine gewisse Bandbreite von Rollen, die Menschen in einem Gespräch »spielen«. Da hat man es erstmal schwer, im Gespräch herauszufinden, mit welcher Rolle man es zu tun hat, um sich entsprechend darauf einlassen zu können. Denn der eine will nicht unbedingt die konkreten Lösungsvorschläge hören, nach denen der andere umso mehr giert. Diesem Sachverhalt sollte man sich bewusst sein. Um auf die Ausgangssituation zurückzukommen. Es

109 vgl. Lüssi (1995): 197ff

110 nach deShazer

geht darum, trotz all seinem Wissen und Lösungsvorschlägen, die man bei bestimmten Gesprächen hat, zu überlegen, was mein Gegenüber gerade will. Und das kann auch sein, einfach mal nur zuzuhören. Man kann dies sicherlich erlernen. Obwohl learning by doing dabei sicherlich auch ein guter Ansatz ist. Nun kommt noch hinzu, dass man auf den Seiten der beratenden Person auch in verschiedenen Rollen stecken kann. Man unterscheidet zwischen »Kontrolleur, Experte und Berater«[111]. Der Erstere handelt (übertrieben gesagt) eher nach Checkliste und fragt ab. Für den einen oder anderen kann das aber dennoch hilfreich sein. Experten glänzen natürlich durch konkretes Wissen und haben diverse Ratschläge auf Lager. Berater sind in diesem Sinne eher auf der gemeinsamen Suche nach einer Lösung und binden den zu Beratenden aktiv ein. Nun steht man vor der Situation, dass diese drei Charaktere in Gesprächen oder Beratungssituationen aufeinandertreffen können. Jeder kann in seiner Rolle zwar wirklich richtig gut sein, wenn er jedoch mit seinen Anliegen auf jemanden trifft, der sie nicht bedient, dann bringt auch das breiteste Wissen nichts. Nun kann man diese ganzen Sachverhalte natürlich auch lernen oder, wie eingangs schon mehrfach gesagt, einfach mal nichts sagen und zuhören, was mein Gegenüber mir zu sagen hat und was er überhaupt von mir will. Es fällt insbesondere den Menschen schwer, die schon eine ganze Menge gelernt haben und ihr Wissen anwenden wollen. Aber wirklich geholfen ist dann leider manchmal nur dem Ego des Beraters. Da kann man sich dann abends selber auf die Schulter klopfen, was man Tolles erreicht hat, und die zu beratende Person guckt in die Röhre, weil sie ihr Problem gar nicht richtig erzählen konnte.

Neben dem vielen Reden kann man auch einfach mal auf #technische Hilfsmittel zurückgreifen und im wahrsten Sinne »reden lassen«. Zumindest kann man die Menschen reden lassen, die es sonst nicht können. Stephen Hawking kennen wahrscheinlich die meisten. Ein Mensch, der auf Grund einer körperlichen Erkran-

111 ebd.

kung nicht in der Lage war zu sprechen, aber der wohl schlaueste Mensch der Welt zu seiner Zeit. Dieser Mensch hatte einen sogenannten Sprachcomputer (#Talker), mit dem er kommunizieren konnte. Mittels Augensteuerung bediente er dieses Wunderwerk, und es sprach für ihn. Nun ist es aber leider so, dass man bei einem Astrophysiker überhaupt nicht in Frage stellen würde, dass man so ein Teil gebrauchen kann. Für den Menschen mit Behinderung, der in einer gemeinschaftlichen Wohnform lebt und dieselbe Krankheit hat, wird sowas jedoch gern auch anders beurteilt. Man kann zwar nicht die Welt verändern, aber sollte zumindest die Chance haben, an der Welt teilzuhaben. Mal schauen, was an Veränderung da dann noch drin wäre. Denn es gibt sie ... die von der Krankenkasse finanzierte Form der #unterstützten Kommunikation. Es gibt allerhand technische Hilfsmittel, die ein Mensch so bekommen kann, um an der Welt teilzuhaben und teilzunehmen. Man muss es den Menschen nur ermöglichen, auch einen Zugang zu diesen Geräten zu bekommen. Es soll nicht jeder gleich zum Robo-Cop werden, aber ein bisschen lebenserleichternde Technik darf doch gerne sein. Zwar haben die Menschen mit einer technischen Vorliebe es leichter, auch einen Zugang dazu zu bekommen (und damit meine ich Klienten wie auch Kollegen), aber so weit muss man gar nicht denken. Es gibt nicht nur eine Nische auf dem Markt, sondern eine ganze Branche, die sich damit beschäftigt. Sanitätshäuser sind da die richtige Anlaufstelle. Das sind die Läden, die zum Beispiel Rollstühle verkaufen. Wenn diese solche Hilfsmittel nicht sogar im eigenen Sortiment haben, wissen sie definitiv, wo man sowas herbekommt. Da gibt es vom Talker, über den schwingungsabsorbierenden Esslöffel bis zum Steh-Rollstuhl alles, was man sich vorstellen kann und darüber hinaus. Und da man mit dem ganzen Zeug sogar richtig Geld verdienen kann, gibt es auch Anbieter, die sich derart darauf spezialisiert haben, dass sie den Rundum-Service anbieten. Man macht einen Anruf beim entsprechenden Unternehmen, diese schicken ihren Außendienstler vorbei, der eine Bestandsaufnahme macht, die komplette Beantragung begleitet und dazu berät und der am Ende auch mit den

Klienten den Umgang übt. Um mal auf den Geschmack zu kommen, was es alles gibt, genügt es als erstes auch, sich mal einen Katalog über die Hilfsmittel anzufordern (kostenlos) und mal zu schauen, was alles im Sortiment vorhanden ist. Und da gibt es unglaublich dicke Kataloge. Selbst dem unkreativsten Kollegen kommen da neue Ideen. Man stelle sich eine Welt vor, in der Menschen viele Behinderungen einfach dadurch überwinden können, indem sie entsprechende Hilfsmittel haben. Ja, ein Rollstuhl ist was Feines, aber sicherlich noch nicht das Ende der Fahnenstange.

Nun klingt es ja nach einer ganze Menge Arbeit, die man zu leisten hätte. Man muss natürlich auch nicht alles allein machen. Es geht in der Arbeit auch immer darum, dass man andere Helfer mit einbezieht. Im vorangegangenen Beispiel war es der Mitarbeiter vom Sanitätshaus, der sich über Hilfsmittel und dergleichen auskennt. Er oder sie ist sozusagen Profi auf diesem Gebiet. Man muss nicht alles wissen und, vor allem, nicht alles machen. Allerdings sollte man sich Hilfe holen können, was völlig legitim ist. Wenn ich also etwas vom Sanitätshaus will, mache ich einen Termin mit dem Fachmann, wenn ich krank bin, gehe ich zum Arzt und wenn ich meine eigenen Angelegenheiten nicht geregelt bekomme, dann?

Hole ich mir einen #gesetzlichen Betreuer. Man unterscheide an dieser Stelle ganz deutlich: gesetzlicher Betreuer ist nicht gleich der »Betreuer«, der in einer Wohneinrichtung arbeitet (das wäre ein Begleiter oder Assistent). Das sind Menschen (private oder hauptberufliche), die in meinem Namen für bestimmte Lebensbereiche handeln dürfen[112]. Ein Klient beschrieb seinen gesetzlichen Betreuer mal recht passend als seinen Manager. Das gibt dem Ganzen noch eine besondere Note der Selbstständigkeit und Selbstermächtigung. Auf Antrag beim Betreuungsgericht kann so ein gesetzlicher Betreuer bestellt werden (mit entsprechendem Beschluss), und dann darf der zum Beispiel meine finanziellen Angelegenheiten für mich regeln, wenn ich das selber nicht schaffe.

112 siehe dazu auch §§ 1896ff BGB

Oder er darf meine alte Wohnung auflösen, wenn ich in eine gemeinschaftliche Wohnform ziehe, wenn ich das selbst nicht kann. So ein Betreuer kann eine ganze Menge Aufgaben haben. Diese werden alle im Beschluss vom jeweiligen Gericht festgehalten und normalerweise alle sieben Jahre überprüft, ob sie noch notwendig sind. Man ist mit einem gesetzlichen Betreuer nicht entmündigt, wie man es recht oft hört. Man darf immer noch seine Angelegenheiten regeln, nur der Betreuer halt auch. Allerdings gibt es noch den sogenannten #Einwilligungsvorbehalt. Wenn ich irgendwas gar nicht kann, dafür einen Betreuer habe, mich aber dennoch immer um diese Sachen kümmere und mich dadurch weiter in Probleme reite, dann kann das Gericht diesen Vorbehalt erteilen. Meistens geht es dabei um Geldangelegenheiten. Ich muss dann sozusagen vor jedem Geldgeschäft meinen Betreuer fragen, ob ich das auch darf, andernfalls ist ohne Moos nichts los. Solch ein Vorbehalt ist nicht einfach vor Gericht durchzusetzen und muss gut begründet sein. Auch wenn es mit gesetzlichen Betreuern natürlich auch zu Problemen kommen kann, wenn diese zum Beispiel Aufgaben übernehmen, für die sie eigentlich gar nicht zuständig sind, sind das ansonsten schon echt helfenden Hände. Wenn es zum Beispiel um die Beantragung von bestimmten Geldern geht, wissen diese meistens sehr gut Bescheid. Sie wissen, was es gibt, wo man es beantragt und wie man sowas macht. Meistens sogar, wie man dann mit einem Widerspruch umgeht.

Also bleibt gut im Kontakt mit den gesetzlichen Betreuern, denn diese sind sozusagen auch ein Teil der Klienten, nur halt für bestimmte Lebensbereiche. Dass es auch Stress geben kann ist klar, aber so ist das Leben halt.

Eine weitere Variante zur Einbindung von Profis ist das sogenannte #Peer-Counseling (oder auch Peer-Beratung)[113]. Klingt tierisch schwierig, ist aber eigentlich nichts weiter als die Einbin-

113 siehe dazu auch [https://www.psychenet.de/de/entscheidungshilfen/entscheidungshilfe-psychose/was-kannich-selbst-tun/peer-beratung.html] (Zugriff am 1.7.2020)

dung von Menschen, denen es ähnlich geht. Was soll mir denn schon jemand davon was erzählen, wie es ist, als Mensch ohne Beine durchs Leben zu gehen, obwohl er noch beide Beine hat?! Wenn man da zwar Beratung sucht, aber eher die authentische Variante braucht, dann spricht man lieber mit jemandem, der auch keine Beine hat. Das geht im kleinen Stil, dass man jemanden kennt, dem es ähnlich geht, in einer Selbsthilfegruppe, was schon organisierter wäre, oder in direkten Selbsthilfeorganisationen. Die letzteren beiden müssen für gewöhnlich von einem größeren Verein getragen werden, da zumeist auch ein bestimmter Verwaltungsaufwand dahintersteht. Hinter dieser recht klein scheinenden Sache verstecken sich Chancen in einem großen Ausmaß. Einerseits kann man sich als Mensch mit egal welchen Besonderheiten an andere Menschen richten und diese beraten, was man alles tun kann, aufgrund der jeweiligen Lage. Es soll ja keine Jammer-Runde werden[114], sondern ist auf konkrete Beratung ausgelegt.

Die betroffenen Menschen erfahren durch solch eine Aufgabe Wertschätzung und Anerkennung, die wohl sonst nicht zu Stande gekommen wäre. Man ist der Experte in eigener Sache. Ebenfalls ist es wahrscheinlich leichter, als betroffener Menschen mit einem sozusagen »Gleichgesinnten« über mögliche Ängste oder Erfahrungen zu sprechen. Dieses Konzept steckt voller Möglichkeiten, wenn es nur flächendeckend umgesetzt werden würde. Und wenn man klein damit beginnt, solche Möglichkeiten organisiert umzusetzen, ist man schon wieder einen Schritt weiter.

Was man im Rahmen von Gesprächen oder mit gewonnenen Informationen noch machen kann, ist das sogenannte #Reframing. Manche würden sagen, es ist die Kunst, sich Dinge schön zu reden. Andere würden es wiederum als Segen empfinden, und zu denen gehöre ich auch. Ja, es wurde schonmal drauf eingegangen, aber es bringt halt echt was: deshalb hier nochmal in aller

114 vgl. Goffman (1975): 140f

Deutlichkeit. Reframing bedeutet so viel wie Dinge umzuformulieren. Und häufig bringt es sehr viel, einen Sachverhalt mal in ein anderes Licht zu rücken. Ganz klassisch, das Wasserglas, das entweder halb voll oder halb leer ist. Es geht dabei um eine Betrachtungsfrage der Dinge, also wie man die Welt sieht. Grob gesagt: eher positiv oder negativ. Und mit dieser Einstellung kann man auch Verhaltensweisen von Menschen »beurteilen«. Sogenannte #herausfordernde Verhaltensweisen (z.B. jemand schlägt um sich, wenn er nicht seinen Willen bekommt), da kann man entweder sagen, dass er nicht gesellschaftsfähig ist oder, anders ausgedrückt, kann er seiner Meinung Nachdruck verleihen und ist durchsetzungsstark. Das ist natürlich ein recht krasses Beispiel, aber es geht auch anders. Ein Mensch isst jeden Abend vor dem Abendessen einen Pudding. Die einen sagen, dass er »gierig« ist, die anderen, dass er gut für sich sorgen kann. Die besten Beispiele lassen sich in der Realität erfassen. Nun soll man natürlich nicht die Augen vor den Tatsachen verschließen oder bei wirklich gefährlichen Verhaltensweisen noch versuchen, ausschließlich das Gute zu sehen. Manche Dinge sind einfach mal gefährlich, ob für sich oder andere. Allerdings geht es um die Schärfung eines ressourcenorientierten Blickes auf die Menschen, mit denen man sich umgibt. Wenn ich einen Menschen auf Grund meiner Deutung seines Verhaltens negativ beurteile, dann wird es für ihn durchaus einen Unterschied machen. Ebenso, aber halt besser, wenn ich ihn vermehrt positiv beurteile. Insbesondere in der #Berichtserstellung oder bei der #Dokumentation lässt sich oft schon erlesen, was der Schreiber vom jeweiligen Menschen hält. Und das kann durchaus Auswirkungen auf ihn haben. Denn an dieser Stelle geht es mal wieder um die #Macht, die man mittels Berichtserstellung ausüben kann. Die Betrachtungsweise der Einen kann für die Zukunft des Anderen durchaus wichtig sein. Und das würde man sich für sich selber doch auch wünschen, dass man eher anhand seiner Stärken beurteilt wird, als für seine vermeintlichen Schwächen. Es macht unheimlich viel mit einem Menschen, wenn er wahrnimmt, dass sein Verhalten von seiner Umwelt anerkannt wird[115]. Denn auf Stärken kann man bauen, auf Schwächen nicht so richtig. Und das erfordert natürlich auch eine Vielfältigkeit darin, wie man Dinge und Verhaltensweisen deutet. Das war also das Reframing, eine wirklich tolle Chance, Dinge nutzbar zu machen, die es schon gibt. Man muss sie nur entdecken und sich trauen, auch mal quer zu denken.

Wem das noch nicht ausreicht, der kann auch so in etwa an die Arbeit ran gehen, als wäre er ein Bürohengst. Empathie muss schon sein, aber an sich ist die Arbeit eigentlich recht simpel. Wir müssen nicht die Welt neu erfinden, wir müssen eigentlich nur das tun, was im #Hilfeplan beschrieben wird. Kurz, um es zu erläutern: der Hilfeplan ist sozusagen der Fahrplan, dem man vom Amt bekommt bzw. der mit dem Amt und Klienten erarbeitet wird. Darin steht dann, was Ziel der Hilfe sein soll und ggf. noch wie es umgesetzt werden soll. Vorausgesetzt, dass der Plan gut ist (fachlich gesehen), hat man ihn eigentlich nur strikt abzuarbeiten. Man ist ein #Dienstleister. Als wenn man zum Friseur geht und sagt, welchen Haarschnitt man haben will und zack fertig. Am Ende wird bezahlt, und wenn es einem gefällt, geht man regelmäßig hin.

Theoretisch recht einfach. Problematisch wird es zwar an der Stelle, dass ich mir privat meinen Friseur natürlich aussuchen kann. Ein geistig behinderter Mensch muss sich für gewöhnlich häufig damit arrangieren, was er bekommt, und dabei bleiben. Nun ist es unsere Aufgabe, einerseits die Menschen dazu zu befähigen, auch Alternativen entwickeln zu können. Oder, man entwickelt sein Angebot halt entsprechend weiter, um seine Kunden nicht zu verschrecken. Man stelle sich nur vor, dass man jedes Mal zum selben Friseur gehen muss, einem seine Frisur nie gefällt, aber man aus Mangel an Möglichkeiten immer wieder dorthin gehen muss. Ich glaube, darauf hätte niemand Lust. Wenn dem jedoch so wäre, würde ich mich tierisch freuen, wenn es jemanden gibt, der mich fragt, wie ich zufriedener damit sein könnte. Und wenn das am

115 vgl. Kaletta (2008): 30

Ende dann noch genauso umgesetzt wird... was will man mehr?! Das wäre die Dienstleistung schlechthin. Und genau das müssen wir sein. Einerseits natürlich arbeiten nach dem, was man vorgegeben bekommt und was der Auftrag ist. Andererseits muss man natürlich seine Kunden zufrieden stellen und stets darauf bedacht sein, dass sie es auch bleiben. Man sollte nicht verschweigen, dass der langfristige Erfolg eines solchen Denkens schwierig werden kann[116]. Wenn man diese Hilfen jedoch langfristig umsetzt[117] und Menschen aktiv in solche Prozesse einbezieht, macht man eigentlich alles richtig. Jedenfalls in den meisten Fällen.

116 vgl. Wendt (2010): 199

117 vgl. ebd.: 100

Fazit

Um für diejenigen nochmal alles zusammen zu fassen, die gleich zu Beginn das Fazit lesen, um sich das gesamte Buch zu ersparen, hier nun ein kleines Resümee. Der professionelle Umgang in der täglichen Arbeit mit Menschen mit einer Behinderung ist oftmals eine Frage der Haltung. In vielen Gesprächen unter fachlich Gleichgesinnten kommt man viel zu häufig auf diese Erkenntnis. Dabei geht es nicht darum, ob ein Mensch den Beruf erlernt hat. Eine solche menschliche Grundhaltung kann sich entwickeln, aber rein erlernen wie in der Schule kann man sie eigentlich nicht. Die professionelle Haltung in der Sozialen Arbeit ist häufig die Eigenschaft, die einen Menschen als menschlich erscheinen lassen. Da kann man die meisten noch solange auf der Schulbank sitzen lassen, und es bringt am Ende doch nichts. Ist ja auch nicht schlimm, es gibt auch genug andere Arbeitsfelder außerhalb von der Sozialen Arbeit. Häufig genug kann man im Alltag erleben, dass man Kollegen kennenlernt, die den Beruf zwar nicht gelernt haben, aber total passend in ihm sind. Ebenfalls kann man genauso häufig Menschen erleben, auf die das genaue Gegenteil zutrifft. Es kommt halt auf die Haltung an, die man von der Kinderstube an bestenfalls mitbekommen hat. Es ist eine Arbeit am/mit/beim Menschen, und da sollte man Menschlichkeit erwarten dürfen. Eine gute Ausgangsfrage ist immer, was ich mir selber wünschen würde. Natürlich hat man es mit relativ fremden Schicksalen zu tun. Ob man die Menschen nun erst kürzlich kennengelernt hat oder nicht, aber es kann häufig irgendwie unpersönlich bleiben, obwohl man sich auch oft sehr nah kommt. Aber um den persönlichen Egoismus dafür zu nutzen, würde es schon helfen, sich vorzustellen, ob ich selber oder einer meiner Angehörigen in diesem Haus, in dem ich arbeite, leben sollte, wenn es notwendig wäre. An dieser Stelle hätte man sicherlich hier und da Einwände, die auch durchaus berechtigt wären.

Und ändern kann ich es doch auch, wenn ich schon mal da bin. Denn häufig sind es kleine Dinge, mit denen eine Veränderung beginnt. Man sollte natürlich nicht immer nur von sich und seiner Sicht auf die Welt ausgehen. Natürlich sollte man die Führung und Ermöglichung eines normalen Lebens anstreben, mit all seinen Facetten. Allerdings sieht Normalität für jeden Menschen anders aus. Der eine mag dies, der anderes das, und das ist ok so. Man sollte sich nur immer wieder bewusst sein, dass es nicht darum geht, anderen Menschen seine Lebensweise aufzudrücken, sondern es ihnen zu ermöglichen, eine eigene Lebensweise zu entwickeln und diese auszuleben. Wenn die Menschen, um die es geht, die geistig, seelisch oder körperlich behindert sind, die oftmals nicht dazu in der Lage sind, sich selbst zu äußern oder für sich einzustehen, wenn genau diese auf einmal dürften, was ein Mensch ohne Behinderung sich im Leben erlauben darf, dann hätte man es geschafft.

Natürlich ist es ein gesellschaftliches Problem. Menschen mit einer Behinderung werden gesellschaftlich leider immer noch als anders betrachtet. Es ist das große Ziel, behinderten Menschen dazu zu verhelfen, nicht mehr als behindert zu gelten. Man sollte sich bewusst sein, dass Worte Realität erzeugen. Je nachdem, wie ich die Welt sehe und dann aus meinen Beobachtungen und meinen Erfahrungen etwas deute und dies durch Worte übersetze, das schafft dann Wirklichkeit. Und diese Wirklichkeit kann für andere Menschen Folgen haben. Sei es im Bericht, den ich schreibe, oder dem Eintrag in der Dokumentation, den ich gerade verfasse. All das, was ich sage oder schreibe, kann entsprechende Folgen haben.

Als Mitarbeiter befinden wir uns in einer #Machtposition, der wir uns bewusst sein sollten. Insbesondere, da eine große Verantwortung mit ihr verbunden ist. Es bleibt immer nur die Frage zu stellen, ob wir diese Position ausnutzen oder sie anders gebrauchen? Insgesamt geht es darum, dass wir uns als Helfer überflüssig machen sollten. Wir sind am besten, wenn wir immer weniger gebraucht werden. Natürlich ist das auch an Existenzängste gebunden. Und ja, man wird auch nicht jedem helfen können, sein Leben auf einmal völlig allein zu bewältigen.

Ziel ist es jedoch, dass wir uns soweit einerseits selber schützen, um nicht gottähnliche Phantasien zu entwickeln und zu denken, dass nur ich helfen kann. Insgesamt ist erstmal jeder Mensch in dieser Form der Hilfen auch ersetzbar. Man muss es sich auch nur mal eingestehen und das Ego beiseiteschieben. Andernfalls kann eine Hilfe echt unangenehme Ausmaße annehmen und das für alle Beteiligten und darüber hinaus.

Und um noch grundlegender zu werden, sollte klar sein, dass Menschen nicht behindert sind, sondern behindert werden. Menschen in einer gemeinschaftlichen Wohnform, oder wie man es auch immer nennen will, haben für gewöhnlich alle nur Beeinträchtigungen. Die Behinderung entsteht jedoch erst durch das Zusammenwirken dieser Beeinträchtigungen mit weiteren Faktoren, denen man im Leben ausgesetzt ist oder auch nicht. Ziel der Arbeit in der Eingliederungshilfe sollte es sein, dass man diese weiteren Faktoren erkennen kann und dabei hilft, sie zu beseitigen, sobald sie schädlich sind oder daran arbeitet, förderliche Faktoren zu entwickeln.

Wenn das alles nur so einfach wäre ... ja, das wäre schön. Und der Alltag im Job wird einem lehren, dass es halt leider nicht so einfach ist. Das Problem ist die Routine, die sich irgendwann so auf die Menschen legt, dass die Menschlichkeit verlorengehen kann. Deswegen ist es an der ein oder anderen Stelle wahrscheinlich deutlich geworden, dass die Selbstreflexion von allerhöchster Bedeutung ist. Sie ist das A und O während des gesamten Berufslebens. Wer irgendwann vergisst, auf sich, seine Worte und sein Handeln zu schauen, darüber nachzudenken und sein Handeln daran auszurichten, der wird einer dieser Menschen, der dazu beiträgt, diesen Job und all die Menschen, um die es dabei geht, in ein schlechtes Licht zu rücken. Und diese Anforderung ist schwierig. Es ist schwierig, ständig auf sich zu schauen, überhaupt dazu bereit zu sein und dann noch entsprechend zu reagieren, daraus eine Schlussfolgerung zu ziehen und trotzdem stark genug zu sein, seine Ansicht auch behaupten zu können. Aber Selbstreflexion ist und bleibt die einzige Möglichkeit, den Menschen, um die es in der Arbeit geht, durch sein Denken und Handeln dabei zu helfen, selber auch so ein erfülltes Leben zu haben, wie man selbst es sich wünscht.

Literatur

Abelmann, Rolf (2005): Qualitätsmanagement für Leistungen von Nonprofit-Organisationen. Göttingen

Ahrlichs, Rolf (2012): Zwischen sozialer Verantwortung und ökonomischer Vernunft. Unternehmensethische Impulse für die Sozialwirtschaft. Wiesbaden

Amering, Michaela (o. J.): Stigmaresistenz. Konzept und Daten. Wien

Aselmeier, Laurenz (2008): Community Care und Menschen mit geistiger Behinderung. Gemeinwesenorientierte Unterstützung in England, Schweden und Deutschland. Wiesbaden

Bauer, Annemarie; Schmidbauer, Wolfgang (2005): Im Bauch des Wals. Über das Innenleben von Institutionen. Berlin

Bengel, Jürgen; Lyssenko, Lisa (2012): Resilienz und psychologische Schutzfaktoren im Erwachsenenalter – Stand der Forschung zu psychologischen Schutzfaktoren im Erwachsenenalter. Köln: BZgA

BMAS (2016): Zweiter Teilhabebericht der Bundesregierung über die Lebenslagen von Menschen mit Beeinträchtigung. Teilhabe – Beeinträchtigung – Behinderung. Bonn

BMAS (o. J.) Anlage zu § 28 des Zwölften Buches Sozialgesetzbuch (SGB XII); Online verfügbar unter: https://www.bmas.de/SharedDocs/Downloads/DE/regelbedarfsstufen.pdf?__blob=publicationFile&v=9 (Zugriff am 26.6.2020)

DBSH (2014): Forum Sozial. Die berufliche Soziale Arbeit. Berufsethik des DBSH. Ethik und Werte; Berlin

Dommermuth, Ralph (2004): Dürfen was ich möchte. Selbstbestimmungsrecht geistig Behinderter. Freiburg im Breisgau

Ecarius, Jutta; Köbel, Nils, Wahl, Katrin (2011): Familie, Erziehung und Sozialisation. Lehrbuch. Basiswissen Sozialisation. Wiesbaden

Ehlers, Corinna; Broer, Wicher (2013): Case Management in der Sozialen Arbeit. In: Corinna Ehlers; Wicher Broer (Hrsg.): Case Management in der Sozialen Arbeit. Theorie, Forschung und Praxis der Sozialen Arbeit. Opladen, Berlin, Toronto, S. 9–18

Franzkowiak, Peter; Kuhn, Annemarie (2009): Soziale Arbeit und Gesundheit. o.O.

Goffman, Erving (1975): Stigma. Über Techniken der Bewältigung beschädigter Identitäten. Frankfurt am Main

Hanslmeier-Prockl, Gertrud (2009): Teilhabe von Menschen mit geistiger Behinderung – Empirische Studie zu Bedingungen der Teilhabe im ambulant betreuten Wohnen in Bayern. Bad Heilbrunn

Havighurst, Robert J. (1074): Developmental tasks and education. New York

Jeschke, Karin (2010): Arbeit mit Netzwerken. In: Möbius, Thomas; Friedrich, Sybille (Hrsg.): Ressourcenorientiert Arbeiten. Anleitung zu einem gelingenden Praxistransfer im Sozialbereich. Wiesbaden, S. 51–62

Joss-Dubach; Bernhard (2014): Gegen die Behinderung des Andersseins – Ein theologisches Plädoyer für die Vielfalt des Lebens von Menschen mit einer geistigen Behinderung. Zürich

Kaletta, Barbara (2008): Anerkennung oder Abwertung. Über die Verarbeitung sozialer Desintegration; Wiesbaden

Kardorff, Ernst v. (2010): Zur Diskriminierung psychisch kranker Menschen. In: Hormel, Ulrike; Scherr, Albert (Hrsg.): Diskriminierung. Grundlagen und Forschungsergebnisse. Freiburg, S. 279–304

Klier, Alexander (2009): Der Befähigungsansatz nach Amartya Sen und Martha Nussbaum. Amartya Kumar Sen & Martha Craven Nussbaum. Jedem nach seinen Befähigungen. o.O.

Königswieser, Rosita (2006): Komplementärberatung: das Zusammenspiel von Fach- und Prozeß-Know-how. Stuttgart

Kuhlmann, Carola (2011): Geschichte der Sozialen Arbeit. Grundlagen der Fachwissenschaft Sozialer Arbeit. o.O.

Kulenkampff, Casper (1980): Probleme der Versorgung erwachsener geistig Behinderter – Tagungsbericht. Köln

Lenz, Albert (2011): Die Empowermentperspektive in der psychosozialen Praxis; In: Lenz, Albert (Hrsg.): Empowerment. Handbuch für die ressourcenorientierte Praxis. Tübingen; S. 13–40; 57–78; 223–256

Loebbert, Michael (2016): Wie Supervision gelingt. Supervision als Coaching für helfende Berufe. Wiesbaden

Lüssi, Peter (1995): Systemische Sozialarbeit. Praktisches Lehrbuch der Sozialberatung. Bern, Stuttgart, Wien

Maslow, Abraham (o.J.): Bedürfnispyramide. Online verfügbar unter: http://www.abraham-maslow.de/beduerfnispyramide.shtml (Zugriff am: 25.06.2020)

McKnight, John (1979): Professionelle Dienstleistungen und entmündigende Hilfe. In: Illich, Ivan et al. (Hrsg.): Entmündigung durch Experten. Zur Kritik der Dienstleistungsberufe, S. 37–56

Mogge-Grotjahn, Hildegard; Boeckh, Jürgen (2002): Lexikon der Sozialen Arbeit. Bochum

Nirje, Bengt; Perrin, Burt (1991): Das Normalisierungsprinzip – und seine Mißverständnisse; Sonderdrucke der Lebenshilfe, Band 3. Wien

Ochs, Matthias; Orban, Rainer (2008): Was kann Familie leisten? In: Familie geht auch anders. Wie Alleinerziehende, Scheidungskinder und Patchworkfamilien glücklich werden. Heidelberg, 160–178

Pühl, Harald (2009): Supervision und Organisationsentwicklung – Beratung im Wandel; In: Pühl, Harald (Hrsg.): Handbuch Supervision und Organisationsentwicklung. Wiesbaden; S. 15–28

Quack, Angela; Schmidt, Andrea (2013): Inklusion/Exklusion. Eine multidisziplinäre Einführung. o.O

Rappaport, Julian (1985): Ein Plädoyer für die Widersprüchlichkeit: Ein sozialpolitisches Konzept des »empowerment« anstelle präventiver Ansätze. In: Verhaltenstherapie und psychosoziale Praxis 2/85, S. 257–278

Röh, Dieter (2011): »...was Menschen zu tun und zu sein in der Lage sind.« Befähigung und Gerechtigkeit in der Sozialen Arbeit: Der Capability Approach als integrativer Theorierahmen?!; In: Mührel, Eric; Birgmeier, Bernd (Hrsg): Theoriebildung in der Sozialen Arbeit. Entwicklungen in der Sozialpädagogik und der Sozialarbeitswissenschaft. Wiesbaden, S. 103–121

Sappok, Tanja; Zepperitz, Sabine (2016): Das Alter der Gefühle. Göttingen

Schaab, Ulrike (1997): Psychoanalytische Pädagogik als Möglichkeit einer dialogischen Heilpädagogik in der Arbeit mit geistig behinderten Menschen; In: Datler, W., Finger-Trescher, U., Büttner, Ch. (Hrsg.): Jahrbuch für Psychoanalytische Pädagogik 8 (Themenschwerpunkt »Arbeit in heilpädagogischen Settings«). Gießen; S. 69–84

Schmidbauer, Wolfgang (2006): Hilflose Helfer. Über die seelische Problematik der helfenden Berufe. Reinbek bei Hamburg

Schmitt, Manfred: Altstötter-Gleich, Christine (2010): Differentielle Psychologie und Persönlichkeitspsychologie. Kompakt. Online verfügbar unter: https://www.beltz.de/fileadmin/beltz/downloads/OnlinematerialienPVU/DifferentiellePsychologie/3.4_Beispiele%20Abwehrmechanismen.pdf (Zugriff am 30.6.2020)

Shazer, Steve de; Dolan, Yvonne (2008): Mehr als ein Wunder. Lösungsfokussierte Kurztherapie heute. Heidelberg

Sibitz, Ingrid et al (2013): Internalisiertes Stigma bei Schizophrenie. Validierung der deutschen Version der Internalized Stigma of Mental Illness-Skala. In: Psychiatrische Praxis, 40, S. 83–91

Stahl, Eberhard (2012): Dynamik in Gruppen. Handbuch der Gruppenleitung. Weinheim, Basel

Storch, Maja (2009): Motto-Ziele, S.M.A.R.T.-Ziele und Motivation, In: Birgmeier, Bernd (Hrsg.): Coachingwissen. Denn sie wissen nicht, was sie tun? Wiesbaden

Thiersch, Hans (2012): Nähe und Distanz in der Sozialen Arbeit; In: Dörr, Margret; Müller, Burkhard (Hrsg.): Nähe und Distanz. Ein Spannungsfeld pädagogischer Professionalität. Weinheim, Basel

Thimm, Walter (2005): Das Normalisierungsprinzip – eine Einführung; In: Thimm, Walter (Hrsg.): Das Normalisierungsprinzip. Ein Lesebuch zu Geschichte und Gegenwart eines Reformkonzeptes. Marburg, S. 12–31

Utz, Richard (2011): »Total Institutions« »Greedy Institutions«. Verhaltensstruktur und Situation des sexuellen Missbrauchs; In: Baldus, Marion; Utz, Richard (Hrsg.): Sexueller Missbrauch in pädagogischen Kontexten. Wiesbaden, S. 51–76

Wendt, Wolf Rainer (2010): Das ökosoziale Prinzip – Soziale Arbeit, ökologisch verstanden. Freiburg

WHO (2005): Internationale Klassifikation der Funktionsfähigkeit, Behinderung und Gesundheit. Genf

Register